李偉文的退休進行式

李偉文 著

自序

準備，但永不止息的退休進行式

最近這三年多，只要是很久不見的老朋友或剛遇到的新朋友，都會問我：「你們在臺南要蓋的蝸居，現在進行得怎麼樣了？」這個好奇來自於一部掛在網路上的微電影——李偉文的退休進行式。

這是遠見出版集團二〇一四年八月為了年度特刊主題「養得起的未來」所搭配拍攝的影片，短短不到三年，單單網路上的點閱率已超過一百五十萬人，除了顯示大家都很關心退休這個主題，也期待能用正面，甚至浪漫一點的行動來準備自己下半生的生活。

當初之所以答應遠見出版集團以我為主角，拍攝我們這群一起參與社團並相約同居共老的朋友的紀錄片，是因為高齡化社會席捲全世界，如何在來得及的時候，將自己有限的資源放到對的地方（時間與金錢是每個人最重要的資源），是我這些年非常關注的領域，因為這不僅攸關個人幸福，對家庭、甚至社會國家的影響也很大。

這部紀錄片短短的，不到十分鐘，裡面有四個主題，其中大家最好奇的是「蝸居」，也就是老友們集資買地，自己規劃設計營建一棟日後住的老人公寓。

故事的緣起來自我們二〇一二年底的臺南旅行，當地朋友導覽時提到，臺南除了是富含文化與歷史的古都，氣候非常好，據說一年有將近三百天的好天氣，再加上豐富的小吃，以及適合悠閒散步又富含人情味的巷弄老街文化，當下就有人起鬨，我們退休後一起搬到這裡住吧！

說來也是緣分，過沒幾天就傳來消息，有一塊巷弄裡的土地，幾位高齡九十來歲的地主們有意出售，素來行動派的我們，立即推派我的高中換帖羅綸有專程去臺南看，在電話與 E-mail 討論幾天之後，十來位朋友立即響應，共同買下了那塊地，開始構築我們的「蝸居」夢。

人生真的很奧妙。二〇一二年十二月到臺南旅行，二〇一三年初買地，由於近年我們的旅行以「蝸行」為名，希望像蝸牛一樣，一步一步慢慢且貼近地走在自己的土地上，遂將這塊地命名為「蝸居」。二〇一四年《遠見》雜誌拍攝紀錄片，到了二〇一七年，居然就這麼巧，臺南市政府將蝸居所在的巷弄命名為「蝸牛巷」，巷口做了雅致的門坊標誌，整個巷弄街區重鋪地磚，安置了令人驚豔並帶有蝸牛意象的裝置藝術。

原來，出生於臺南的前輩大作家葉石濤先生曾經住在這條巷弄內，他多次在文章中稱呼自己住的小小房子為蝸居，並將這條小巷命名為蝸牛巷。

買下這個屬於二十一世紀的「蝸居」後，我們積極地討論與設計，營建屬於自己這一代的退休夢。周遭很多朋友退休後都想搬到山裡或在鄉間蓋一座夢想中的養老別墅，但我覺得這太浪漫了，或視其為久居都市忙碌工作後的反向想法。退休後的居住空間其實應該依據不同年齡與身體狀況而有不同的規劃，這些在書中都會再仔細討論。

不過，不管是哪個階段或怎麼選擇，如果能和許多擁有共同生命經歷或志同道合的老朋友變成左鄰右舍，是最幸福的。俗話有道：「千金買房，萬金買鄰」、「遠親不如近鄰」，良有以也。

好朋友退休後一起住，並不一定要自己買地蓋房子，現在也有很多建商甚至政府單位積極營建各種適合年長者居住的公寓，只要大家能一起去訂購預約，不見得要耗費心力自己找地蓋房子。

我們的「蝸居」在紀錄片拍完後不久也完成了設計圖，找了營建公司估價，但後來有幾個因素使得計畫暫緩。一方面，完全合乎建築法規是我們的前提，建築物必須蓋地下室與停車空間，施工時為了避免損及鄰近房舍的安全措施，將導致建築造價非常高昂；另一方面，我們這群朋友真正退休大概還要五到十年，房子蓋好之後，若沒有真正定居而閒置在那裡，其實也不太好。幾經考量，我們目前調整後的計畫是，因為蝸居位處商業區，若花了相對高的建築成本只蓋公寓空著實在可惜，因此希望尋找友善環境或具有文化或產業前瞻性的企業合作，或許將建築的一、二樓供商業使用，三、四樓以上樓層才留作我們自己規劃。

其實「蝸居」的進展就像我們的人生，或者我們面對退休的態度，必須不斷隨著時代變遷而調整。這本書的書名「退休進行式」的意思正是，不管我們現在幾歲，都必須預先做準備，但是直到告別世界前，我們也不該從生活中退休，這才是我最想傳達的觀念。

「因為有大家，我不害怕年紀變老，甚至很期待老年的到來……」不久前，林國香在某次蝸行路上有感而發。國香曾經是一位資深的媒體記者，也像許多其他老朋友一樣，三十年前就加入了我在家裡舉辦的讀書會「民生健士會」，和大伙一起籌備以保護臺灣自然環境為職志的荒野保護協會，當我們陸陸續續卸下在荒野的志工幹部職務後，開始以更緩慢的腳步旅行，也就是紀錄片裡第二個主題「蝸行」。只要透過一點心思和心意，就能讓旅行更有深度，同時也能鼓勵更多在地方上為公益而努力的在地社團與朋友。

是的，的確一如國香所講，因為有大家，大伙們其實期待著退休，不怕變老。雖然年齡愈大，體力當然也會隨之下降，必須割捨許多刺激與冒險的活動，但我覺得年紀大最大的好處是不必在乎別人的想法與眼光，也不再需要勉強自己去學不想學的東西，更不必勉強自己和不喜歡的人應酬往來，總算可以活得愈來愈像自己！

影片最後一段提到了樹葬，樹葬是最環保的方式，也符合我們這群愛好大自然的荒野伙伴屬性。如果好朋友們都能相約，把辦喪禮的錢省下來，一起合買一塊棲地，只要把地買下來當樹葬園區，當地就不會開發，就能為後代子孫留住一塊美麗的大自然。

此外，假如好朋友們都葬在相同的地方，子孫們將來追思懷念時，連祭拜都可以「揪團」，孩子們也可以和他們的父母一樣，成為老朋友，這才是名符其實的友誼長存。

這本書裡的每個想法與做法，我相信都是大家做得到的，雖然這些年媒體不斷嚇大家老後破產，國家財政即將崩潰，這些觀點與數字當然也不能說是錯的，但是我們若因此而緊張、焦慮，同樣無濟於事，反而應該冷靜思考，那現在可以做什麼？

就像這本書第四部分講的養生也是如此，許多事情只要預先想到，提早準備，人人都可以活出一個精彩充實又有意義的人生。

李偉文

二〇一八・一・二十四

目錄

PART 1 周五傍晚的心情

PART 2 柴米油鹽的生活

PART 3 伴侶與朋友

PART 4 活得健康，活得好

APPENDIX 附錄

借鏡歐洲銀髮族的樂活之道

PART 1

周五傍晚的心情

周五傍晚後的美好時光

周休二日後，周五傍晚大概是一周中最美好的時刻。

假如之後兩天沒有任何行程，沒有任何一定必須完成的事情，那麼，你知道之後會有整整兩天多，完完整整的五十來個小時，哇！近乎奢侈的永恆時光。

這時，坐在書房裡，被無以計數、看過或沒看過的書包圍。隨意拿起一本又一本，不急，一點也不急，因為這個夜晚還年輕。

走過青壯，來到人生中途，心情就像是周五的傍晚，前無去處，後無追兵。此時孩子已離家讀書或成家立業，工作職場上的拚鬥也已告一段落，肩上的擔子漸漸輕鬆，我們已經有餘裕看看自己。

年輕時總是匆匆奔波在半路上，總是正要去另外一個地方。走過青壯，那些奔走與追求已經過去，反而更能真實感受此時此刻，此刻活著，此刻身體健康，此刻自由自在，此刻感覺愉快。這是生命中的大自在。

詩人弗洛斯特說：「我們必須願意鬆手放開計畫的人生，才能進入正等著歡迎我們的人生。」讓生命中有放牛吃草的閒情，才會遇到神祕、不可預知的可能。對未來沒有行程表、沒有期待，讓生命領著我們遭遇一切會遭遇到的。

走過青壯，就像周五夜晚，身邊環繞著許許多多的書，隨手一翻，就是一個嶄新的世界。有人說，若是自己的書，就會一直擺著，因為隨時可以看，所以一輩子都沒看，反倒是借來的書因為有歸還的壓力，總會優先排在前頭。

走過青壯，我們也了解到，很多人以為一輩子很長，以為現在不做某件想做的事，以後還有機會，但是我們現在知道，人生大部分的事，不是「現在」（now）就是「永不」（never）。因此，在此時此刻，我們會真心對待每一個出現在我們面前的人事物，因為每一剎那，都是永不再現的緣分！很奇特的，一方面珍惜，一方面卻少了些年輕時的憤怒與銳角，多了幾分從容與釋懷。

不過。事情當然也可能走向完全不同的路途。

有人說，走過青壯，是人生壓力最大、最悲慘的「三明治」階段，下有尚在求學的幼子，上有年紀已老邁需要照顧的父母，工作在全球化競爭與人工智慧產業不斷升級的催逼下似乎也岌岌可危……

是的，在人生交叉路口，不管自在或焦慮，這兩種情況都有可能，所以我們更應該有萬全的準備，因應所有可能會發生的事。

二〇一四年時，遠見出版集團的年度特刊以「養得起的未來」為雜誌主題，並拍了一部「李偉文的退休進行式」短片，影片至今已有一百五十多萬人觀賞，也讓我這些年的演講除了原先的生態環保、親子教養，以及用閱讀、電影與大自然談人生或生涯規劃之外，又多了一個截然不同的主題──如何規劃青壯年後的退休生活。

其實我所謂的「退休進行式」，並不是到五、六十歲真的要退休時才開始計畫，而是不論什麼年齡，即使只有二、三十歲或已經七、八十歲了，都應該永遠保持著「退休進行式」，而不是真正的退休，因為只有到了我們離開這個世界，才算是真正的退休！

退休不只是金錢的準備，還有許多更重要的事必須從年輕時就著手進行。

比如身體要健康、心情要快樂，而幸福快樂的關鍵來自人際互動，也就是與家人和朋友的關係，最後還要面對一個大哉問：「我這一生過得值不值得？」生命意義的追尋將左右著我們對於自我價值的認定。

走過青壯，讓我們嘗試討論和思索這些人生最重要的事情。

我的退休進行式

從小父母師長不斷耳提面命，告訴我們要用功讀書，考試高分才能上好學校，讀好學校才能找到好工作，有了好工作才能幸福快樂。考試要想高分，就是要訓練自己能夠很快寫出標準答案，多年訓練下來，不知不覺養成了我們看待世界的方法——以為世界上所有事情都有標準答案。

可是我們卻忘了，考試的確有標準答案，但人生並沒有標準答案，並不一定因為你賺了多少錢就會快樂，職業多高就會幸福，或是對社會多有貢獻，人生才有意義。

我們自己幸不幸福，快不快樂，人生有沒有意義，和那些可以量化的數字一點關係也沒有，那麼，我們究竟如何才會覺得真正的幸福呢？

研究與調查發現，一個人的幸福感真正來源在於他能不能把時間花在自己在乎或看重的事情上。人類的渴望與追求大致可以分為三大類：第一類是財富、名聲、地位和權力；第二類是朋友、家庭、事業或志業；第三類是知識、藝術、大自然或宗教。

每個人在乎的東西都不一樣，沒有什麼是非對錯或價值高低的認定，每個人就是不一樣，當我們能把自己的時間盡量投注在自己看重的事物上，就會覺得幸福快樂。

因為有這樣的體會，我這些年做的事情大概都是我喜歡的、我在乎的事，所以我覺得我是幸福的。

其實這幾十年來，我的生命重心都沒有改變，若用一個具體的象徵，那就是門——「閉門讀好書，開門迎佳客，出門尋山水」。讀書、交朋友、大自然，這三者是我最看重的，就像我的座右銘是「一生玩不夠」，我最期盼獲得的禮物是「慈悲」與「智慧」，智慧的追求透過閱讀，慈悲則靠號召朋友從事公益服務人群來實踐。

也因為如此，這些年我益發了解到，臺灣即將面臨的最大挑戰就是人口結構的迅速改變。由於平均壽命延長，戰後嬰兒潮陸續邁入老年，再加上這十多年非常嚴重的不婚或不生現象產生的少子化，在這三個因素加乘之下，臺灣社會老化的速度，恐怕是世界第一。

政府的財政能順利支付龐大的老人年金或退休金嗎？健保經費能支撐老年人口的醫療費用嗎？社會產業與硬體結構能在很短的時間內調整成符合老年人生活所需嗎？我們的安養機構與長期照護的人力準備好了嗎？

我個人覺得，絕對無法期待財政愈來愈困窘的政府能夠照顧我們到終老。我們必須自力救濟，在來得及的時候，將能夠運用的資源投入在對的地方，十年、二十年後，才能隨心所欲地安排自己的時間與生活，甚至行有餘力幫助年輕人，照顧晚輩。

首先我們要調整心態，面對這個全新的超高齡社會，要以新的眼光看待退休這件事。因為營養與醫療的進步，以前六十五歲退休後似乎就是整天無所事事、頤養天年，但是今日的六十多歲往往耳聰目明、活蹦亂跳，絕對可以和四、五十歲的壯年人一樣，繼續做自己喜歡做的事情。

中年時也許要支付各種貸款，要扶養孩子，這些責任與負擔難免耗費我們許多時間與精神，當孩子漸漸長大獨立自主後，我們的收入付完固定開銷還有結餘時，就得開始為未來的自己而預先準備。

準備方向有三個，首先當然是金錢理財方面，第二是養生保健，第三是老朋友。

究竟要存多少錢才能安心過退休生活？答案因人而異。對我來說，因為我生活簡單，物質欲望不高，加上不太願意花心思理財，所以除了付自宅的房屋貸款，從很年輕時就單純地繳付定期定額的保單，算是預先儲存自己的老人年金、退休金，年老之後每月有這一筆保險公司給的錢，再加上或許還有政府的老人年金，我也就不太擔心年老後的日常開銷。

第二重要的退休準備是保持身體的健康，不要等到身體有問題時才開始吃各種保養品。我個人主張盡可能吃在地的有機或無毒食物，一方面支持在地產業，對環境好，也對我們的身體好。

最後，也是我們最常忽略的退休準備，就是貯存一些擁有共同生活經驗與回憶的老朋友。當我們沒了工作負擔，有了大把時間，也有足夠的錢吃穿時，快樂與不快樂，最關鍵的就是身邊是否有一群志同道合的好朋友。

當然，人生任何時候都可以結交新朋友，但是總覺得朋友相處一年就是一年，不一樣，否則當我們回憶當年時，新朋友會認為我們老是提當年勇，甚至倚老賣老，只有身邊有共同經驗與回憶的老朋友，才能夠非常自在地聊天抬槓，這種人與人之間的情感連結，對生命的意義感是很重要的來源。

要有老朋友，當然要從年輕時就開始認識。雖然在工作職場上會認識許多同事、客戶、一些直接或間接的「關係人」，也就是所謂的「人脈」，但是因為工作而認識的人，難免會有利害關係和隨之而來的壓力，我比較喜歡參加公益團體，在為社會義務付出的過程中，結交志同道合的伙伴，這些同樣熱情、良善的人，當然值得成為終生相伴的好朋友！

也因此，我在三十來歲時與朋友們一起成立了荒野保護協會，希望能為我們的後代子孫留下美好的自然環境。這二十年裡，我投入了幾乎工作之餘的所有時間，卻也從大自然裡獲得許多個人身心靈的成長，同時認識了一大群一起努力的好朋友。

當年還是青壯年的我們，現在也即將面臨人生的下半場，創會的老伙伴陸陸續續卸下志工幹部的職務，我們也開始了另一場更緩慢、更自在、更隨興的臺灣漫遊，打算用腳一步一步走進臺灣各鄉鎮，踏遍美麗的自然步道。當然，在這過程中，我們也願意關心或協助在地的民間公益團體。

我們開始著手規劃年紀更大一點時適合的理想住家——不必太大，但必須是有電梯的無障礙住宅。當老朋友一起住時，只要公共空間大，自己的房間就不必留客廳、餐廳，因為大家也不期待兒子、孫子未來能陪在自己身邊終老，所以整個居住與生活的硬體設施也要用全新的眼光來思考。

總之，雖然世界變化得很快，但是在面對自己的下半輩子時，我們的確有些很確定的方向可以預做準備，那麼我們不只是活得老，還能夠活得好。

人人必須準備好的幸福存摺

過去二十多年，我花了比上班看診還要多的時間擔任環保團體的志工，因為我覺得永續的環境才是社會所有產業得以發展的基礎，也只有保有美好的環境才能培育出具有美好素質的下一代。

但是最近這些年來，我卻將大部分業餘時間投入教育退休與活躍老化的主題，因為我發現臺灣最迫切的危機不只是環境的變遷，而是人口結構的迅速改變。

除了大家耳熟能詳的少子化，臺灣特殊的政治與歷史背景，使得大量的人口從民國一〇五年開始進入六十五歲，並將持續二、三十年（在民國三十八、三十九年國共內戰後，臺灣短時間移入大量人口，民國四十年開始增產報國、每年有四十幾萬名新生兒，一直到民國六十年左右，新生兒人數都是現今的兩倍左右）。

民國四十年出生的人口，在一〇五年進入六十五歲。若以一〇四年的工作人口對比六十五歲以上的退休人口，大約是六．三個工作繳稅人口撫養一位六十五歲老人人口；但到了一一四年，就變成三個工作人口支撐一位六十五歲以上老人人口。

在短短的七、八年間，臺灣的人口結構就會完全翻轉了。雖然高齡社會是全世界大部分國家都必須面對的挑戰，但是臺灣的老化速度太快，快到全世界史無前例，這是歷史因緣際會下的臺灣奇蹟。

臺灣來得及準備和因應這前所未有的社會變動嗎？

我在多年前發現這個「已經發生的未來」之後，花了很多時間談教養，關心年輕人的競爭力，因為臺灣的孩子愈來愈少，所以每個孩子都很重要，只有每個孩子都有能力找到工作並且繳稅，勇敢迎向全球化的高度競爭，數量龐大、領老人年金的銀髮族才能安心享受退休生活。

除了提供家長與老師如何教養孩子的方法，我還希望每個上班族或銀髮族，不管幾歲，都要為自己退休後的生活做準備，在來得及的時候將自己所擁有的資源（金錢與時間）放在對的地方，先照顧好自己，行有餘力再協助親戚朋友，然後參與社區，進而影響整個社會。

我們可以不結婚，不生小孩，但是沒有辦法不老。我們不能期待政府給的福利可以照顧我們一輩子，而且我們不只要活得久，還要活得好，如何面對終將來臨的老年與死亡，絕對是我們這一生最重要、而且無法逃避的課題。

若以儲蓄的概念來比喻，預約退休存摺有四個面向。

首先，大家一定會想到的是足夠的錢，亦即財務規劃；第二是健康，不管是養生或保健，健康的長壽才是真長壽，年輕時再怎麼糟蹋身體似乎都還有體力對付日常生活，但有道是「出來混，總是要還的」，年輕時任性揮霍身體，年紀大了就必須連本帶利償還，該如何及早建立好的生活習慣，善用醫療科技與醫藥新知幫自己養生，絕對是自己的責任。

再來是幸福快樂的追求，當我們有錢可以生活，有體力可以行走，該如何活得快樂？

有研究顯示，幸福感的來源有兩個，一是良好的人際互動，周遭是否有好朋友與關係親密的家人；一是將時間花在自己看重和在乎的事情上，這是讓我們覺得此生沒有白活、活得開心的條件。

最後是意義的追求，也就是生命價值的確定，也是我們內心深處喜悅與寧靜的來源，通常這種生命價值的呈現，往往來自於公益利他的付出。

這四個面向，其實也可以說是「身心靈」的全面觀照，金錢與健康照顧了我們這副物質性的軀體；來自人際關係的幸福感滋養著心理層面；意義的追尋則引導我們走入靈性的層次。

接下來，就和大家分享我這些年來針對這四個面向的思考與行動。

一生玩不夠

不久前應一個山區小學的家長讀書會之邀，主辦人希望用「一生玩不夠」為題目，分享我的生命態度與歷程。

演講前，有位家長很納悶：「一生玩不夠是什麼意思？是指你覺得人生太短了嗎？你希望活得久一點嗎？」

三十多年來，「一生玩不夠」一直是我的座右銘，我用來提醒自己，世界何其廣大，要盡情探索，並且珍惜時間，讓自己的生命發光發熱。

我所說的「玩」是指人生應該是個超級大玩家，玩股票、玩政治、玩名玩利，甚至玩網路遊戲，都只是小玩；真正的大玩，是玩山玩水，遊於經史子集，有感於泰山之矗立，愾嘆於流水之不捨，能悠遊於大自然的神奇豐富中，才是大玩家。

這種心情，在我周邊的好朋友身上也常常發現，其中林靜一是最誇張的。

認識靜一快三十年了，每次見面都會探聽一下他又跨足哪個不同的知識領域，原本以為他是遊戲人生型，因為每次老友們聚會，他老是扮演插科打諢、嬉笑怒罵、製造氣氛的甘草人物，可是有一次我在主持的廣播中訪問他，他卻很嚴肅地回答我的疑惑：「我之所以不斷嘗試不同的工作領域，是因為我對生命有非常高的急迫感！」我很訝異，這與我一直認為的是如此不同。他繼續回答：「我不甘願只過這一生，因此要把這一生當二十輩子來使用，當我學會一種技術，了解一種專門職業的內容時，反覆做一樣的事對我來說是浪費生命，我會離開，再去挑戰完全不同的事情。」

他認為：「一件事情只要不好玩，我就不會想做，而且只要我想到若是二年、三年後還繼續做同樣的事，那不是令人發瘋嘛！」

不過，真的有許多朋友在四十來歲，工作和家庭一切都平平順順、好端端的時候，突然出走，有的是連根拔起移民到國外，有的是轉換另一種截然不同的職業生涯，更決絕的甚至出了家。

為什麼會在走過壯年後，才突然興起「轉換另一種人生」的想法？

我猜，一種是靜一講的急迫感，一種是還來得及。

我們二十多歲離開學校進入職場，找到的工作不見得是自己真正喜歡的，也許只是剛好有機會，或是剛好考上，然後就在那個工作上兢兢業業，也許十年、二十年、升任中高階主管，甚至自己創業當小老闆。

可是隨著自己的成熟或閱歷的增加，我們慢慢知道自己真正想做、能做的事情了，心內那隱約的呼喚愈來愈清晰之後，就會萌生轉換行業的衝動。

其實這時的出走並不是從零開始，在職場努力了一、二十年，我們有經驗，有人脈，也有點資源，最重要的，這時候還有體力，而且往後還有數十年時間可以揮灑，還來得及。

當然，並不是所有人都這麼篤定。我的朋友裡，有些人很清楚自己要什麼，但也有更多人並不完全確定自己到底想追尋什麼，卻很清楚自己不要什麼，我猜他們或許感受到《西藏生死書》中提到的：「如果我們觀察自己的生活，就可以很清楚地發現，我們一生都在忙著無關緊要的責任，可以把它比喻為『夢中的家務事』。我們告訴自己要花點時間在生命中的大事上，卻從來也找不出時間。我們的生活似乎在代替我們過日子，生活本身具有的奇異衝力，把我們帶得暈頭轉向，到最後，我們會感覺對生命一點選擇也沒有，絲毫無法作主。」

走過青壯年，將對《西藏生死書》的這段話愈來愈有感觸，因為在日常生活裡，每天的日子都像滾雪球一般無法控制，而每一個不斷出現的擔子好像也都是自己該負的責任，彷彿中年人的義務就是要讓其他人都滿意，只除了自己。所以，找到自己真正想做的事情，活出一個不遺憾的人生，就是此時最重要的生命課題了。

問一位曾經叱吒風雲的朋友，這些年心境如何轉變，他說：「年輕時滿懷理想，充滿鬥志，一心想改變世界；後來改而從商，希望改變我接觸到的所有人；如今了解原來我改變不了任何一個人，現在我只希望能改變我自己，不要浪費了我的一生。」

我想，他畢竟是個聰明人，在更能體諒他人之外，也更加珍惜了自己。

不過，到了這些年，網路大數據與人工智慧正要起飛的時代，世界變化愈來愈快，許多工作即將消失，每個人都會被迫去活出自己的第二個甚至第三個人生，當然要好好準備才行。

中年正精彩

人的一生當中，四十來歲往往是一段最忙碌的時光，有人稱為「三明治世代」，上有年屆七十來歲的父母，開始有些病痛需要我們照顧，下有十來歲的孩子仍然需要我們陪伴，偏偏這時在工作上，正是卡在不上不下，需要全力打拚的階段。就在如此危急存亡之秋，往往也是我們探尋生命意義，確立生涯規劃定位的關鍵時刻。

因此有人說，中年是人生繼青春期之後的第二個叛逆期，會重新評價夢想與現實。中年人發現時不我予，生命在指間流逝，生活在不斷重複，很多事情再不做就稍縱即逝，大有「現在不做，可能永遠沒機會去做」的急切感，而這往往會讓人做出令人吃驚的決定，於是有人出家、有人拋下高薪去當義工、有人轉行、有人離婚……

也有人把中年當作「出走」期，因為這時的我們已踏入職場十多年，充分了解所從事的工作是不是自己的天賦與熱情所在，也深知自己的能耐，再加上此時體力尚可，經驗與人脈樣樣俱足，此刻離開還來得及開創第二春，就此毅然出走。

我也是在四十歲那一年開始擔任荒野保護協會的理事長，幸運的是，我的職業可以自行調配時間，所以雖然當志工的時間比上班時間還長，導致收入減少，但仍能維持生活所需，甚至在當志工的過程裡，家人與孩子也一起參與，反而促成家人更親密的互動，也不會錯失陪伴孩子學習成長的機會。

當然，我知道很多人的忙碌是「人在江湖，身不由己」，但在繁忙的生活中，我們可曾靜下來思考過，自己這一趟生命之旅的目的究竟是為了什麼？

應該不只是為了賺點錢，保住一份工作，然後就過完一生吧？我們或許不必太在乎別人對自己的看法或評價，但最終總逃不了這個仍得獨自面對的終極問題：「我這一生，到底活得有沒有價值？」

柏拉圖曾說：「那些人生基本需求都已周全，卻還繼續工作的人，往往錯失了更重要的追求。」

柏拉圖提醒我們，人生有許多不同層次的追求，假如我們把全部心力用於追逐物欲的享受，難免會忽略精神和心靈的追求。

很多人常把「等我賺夠了錢……」「等我退休……」「等孩子長大……」這些藉口掛在嘴上，不少朋友工作了幾十年從沒好好休過假，等到退休後發現已經玩不動；以前想做而沒做的事，如今有時間享受了，卻也沒體力了。

也有很多朋友常常向我保證：「我退休之後一定加入你們的行列，一起做義工！」我卻覺得，做公益最好趁著還在工作時，因為工作時一定會和許多機構和客戶往來，能夠擴散出去的影響力肯定比退休時還要大。講白一點，工作時有人脈，多多少少掌握了一些資源，趁此機會為社會公益盡點心力，貢獻當然大得多。

我也發現，若能一邊賺錢謀生，一邊從事公益，工作情緒和生活態度會比較好，甚至兩個領域可以調和互補，不管是創意、活力、實質的工作績效，有形無形的助益都會多很多。

我們常常把人生比喻為旅程。

年輕時，整裝待發，弓上弦，劍出鞘，對未來充滿了無限的可能與想像，正如旅行在規劃階段其實最令人興奮。

中年時，正在路途中，面對接踵而來的挑戰與變化，生活中所有負擔全集中在此時，雖然承擔是生命中最美之物，但忙碌往往也是靈性之大敵！

老年時，已達個人生命之旅的終點，正宜一壺濁酒，笑談古今。

因此，年輕有夢想，老年有回憶，中年別無選擇，只有實踐！

中年有很多的疲累與辛苦，但是這樣的承擔讓生命更豐富。走過青壯年，人生正精彩。

三明治時期的人生憂鬱

在古代的筆記小說裡看到一則笑話。

有位解差押解一名犯了罪的和尚發配邊疆，途中喝了酒，醉得不醒人事。和尚趁機剃掉解差的頭髮，為解差換上自己的僧衣，又把枷鎖除下來戴在解差身上。

解差醒來後，不見和尚，很緊張。忽然看見自己身穿僧衣，手往頭上一摸竟無毛髮，又看見枷鎖也戴在身上，很納悶：「奇怪？和尚明明還在，我到哪裡去了？」

「自己」到哪裡去了？

這個笑話，大概身處三明治時期的上班族最能感同身受。人生總有某個階段，孩子還沒成年正依靠我們撫養，父母親年紀已大需要我們照顧，身處職場拚鬥中的自己又必須應付永無止境的工作壓力，還有難搞的客戶、上司、同事與屬下，總之所有人都要你負責，所有事都得由你承擔。這個階段或長或短，壓力或大或小，請一定要撐過去，找到方法調適自己、抒解壓力。

很多研究都發現，人一生的幸福感與快樂程度呈現U字型，谷底在中年，也就是當我們進入職場後就開始不快樂，到三明治時期最低潮，然後隨著孩子離家，自己退休，幸福才漸漸回來，接下來隨著年齡愈大就愈快樂，一如無憂無慮的童年時光。

三明治時期雖然男女都會遇到，但是女生因為天性比較容易找手帕之交吐苦水、抒解壓力，而且演化賦予了擔負生養大任的母親更多韌性，所以通常都能順利度過；反而是男生為了表現男性氣慨，從小就被教導不能示弱，也不能流淚，所有情緒都只能強壓下來，久而久之，要不是被憂鬱所困，就是再也壓不下情緒而爆發，並以肢體暴力做為宣洩。

因此，男生首先要接受自己在體能、精力，甚至能力上都有極限，願意放下身段尋求外援，不管是社會福利的資源，親朋好友的協助，還是善加利用科技，比如視訊或機器人，總之，不要悶著頭全部承擔下來，以為自己是萬能的，可以隻手解決所有問題。

此外，建立多種目標或新的生活方式，不要把自己的價值建立在單一目標上，認定成功非得就是什麼模樣，看清楚自己真正做得到的事情，而不是一味渴望或羨慕那些永遠做不到的目標。

在三明治階段，充滿挫折與無力的狀態下，想恢復活力的積極做法是從社會參與中找到成就感，而其中最簡單有效就是參加公益團體當志工，為別人、為社會做些事情，即便再微不足道也沒有關係。從這些沒有利害關係的人際互動中，那種溫暖與信賴，付出後所看到的改變，往往會是將自己從谷底拉起來的關鍵力量。

同時，生活中也要時時刻刻記得照顧自己、疼愛自己，並改變生活習慣。可能的話，戒除有害健康的壞習慣，比如透過吸菸或喝酒來忘掉煩惱。事實上，若能改用運動來替代，將會是讓自己快樂的更有效方法，而且對身體各方面的好處更多。

疼惜自己、善待自己，就是每天做一件讓自己高興的事，不管是吃東西、看影片或和好友聊天都可以。但是要有知覺地思考並判斷一下，這些事是自己真正喜歡還是只是逃避發洩，因為沉溺於不良嗜好往往會形成更大的壓力。另外，盡可能不要看負面新聞或臉書，若是從臉書看到太多別人吃香喝辣似乎快樂又幸運的動態，往往只會加重自己的憂鬱，不如利用那些時間和朋友碰面或參與活動，或是學一些新奇有趣的技能，都是找回活力的好方法。

男生不太願意向別人吐苦水，這是男生與女生天生不一樣的地方，如果是天性那也不能勉強，我覺得男生就像大部分的動物一樣，受傷後會找個山洞躲起來療傷，因此男生的抒壓往往需要一個獨處的空間、一段獨處的時間，不管是在車裡、酒吧、三溫暖、書店、電視機前，都可能是男生獨自療傷的山洞，身為伴侶的女生要了解，不要去打擾，只要讓男生靜一靜就沒事了。

其實，三明治時期的壓力來自於有太多事情需要處理，有太多不得不面對的困難狀況有待解決，早就不是蠟燭兩頭燒，而是四處都有人放火，自己似乎必須化為千手觀音才能滿足所有人的期待。壓力既然來自於複雜，解決之道呢，就是在自己能處理的範圍中，盡量保持簡單。

簡單包括了看得到的生活面貌與看不到的精神欲望，一旦我們能回歸簡單，享受簡單的樂趣，就能把體內那些被阻礙的能量釋放出來，找回真正的自由與樂趣。

所謂看得到的簡單，當然不只是像我每天幾乎都穿一樣的衣服，從來就不必為了挑衣服浪費任何一秒鐘或耗費一絲一毫的精神，真正的簡單也不是追求某些想像的形式，不該以為把木頭貼上樹皮就是樹，而該像真正的樹一樣，是從內在長出生命力。追求簡單不是放棄享受，反而是更能豐富自己的感受與享受更多的樂趣。

為什麼退休樂齡族會愈來愈快樂？我猜主要是因為他們已經體會到簡單的樂趣，對當下的每個時刻、每個遭遇，都能安安靜靜地去感受，不再追求虛妄的目標，不再渴求數量的極大化與外在的熱鬧，而是讓內心可以仔細品嘗此時此刻所擁有的一切事物。

回歸簡單，生命才能安頓下來。

當我們的心安頓下來，自己的價值與對生命的看法才會有所不同，從而活出積極有活力的人生。

沒有升職希望，卻是個美好的人生

不管或早或晚，走過青壯期之後，總會有那麼一天，你突然從睡夢中嚇醒，焦慮或沮喪地發現，日子怎麼一天重複一天，工作職位顯然也升遷無望。「難道我就這樣過一生嗎？」

類似的想法一旦浮現腦海，也許從此糾纏著你，讓你失去熱情與活力，久而久之甚至覺得生活了無生趣。

其實只要我們轉個念頭，這種沒有升遷希望的職涯體認，很可能正是我們開創美好人生的開始。

最近看了一本很有趣的書《社畜中年》，作者成毛真雖然是個職場勝利者，曾擔任日本微軟公司總經理、創辦過兩間公司，目前為大學教授，但他並不是我們想像中那種嚴肅又一板一眼的日本人，反而更像叛逆的嬉皮。

「社畜」是近年流行於日本的詞語，意思是「公司豢養的牲畜」，用來消遣自己或嘲笑別人，為公司放棄了身為人類的尊嚴。過去數十年，我們印象中的日本人往往為公司奉獻一生，甚至過勞死也無悔，人人走在規範好的軌道上，只要乖乖聽從公司安排，公司也會照顧你一輩子。

但隨著日本經濟崩壞二、三十年，再加上全世界共同面對的典範快速轉移，許多行業和產業不斷消失，日本企業的「終生雇用」制與隨著年資加薪的「年功序列」制隨之瓦解，職場倫理與文化也逐漸改變了。

其實不只日本，全世界所有公司都已不再能夠託付終生，也只有非常少數的人可以一路往上晉升。絕大多數的人，若在四十歲左右沒有升到副總或協理等級的職位，幾乎可以判定自此在這個企業就不可能有晉升機會了。

不過也不必灰心，因為成毛真說，不管你能升官或不能升官，其實都沒有差別，因為所有上班族都是「人生失敗組」，除非你自己創業當老闆，變成資本家，在資本主義社會中才算成功。但是，能創業成功的人何其有限呀，所以大家只要了解自己的能耐，躲在公司裡領薪水，並照著自己的步調過生活，就算是厲害的成就。

當公司還願意雇用你、付你薪水時，絕不要輕易離職，就像漫畫中的超人，白天在報社當記者領薪水其實是一種偽裝，下班後拯救世界才是真正的使命。辭職創業太冒險了，邊上班邊做副業才是賺錢和存錢的祕訣，而且副業最好和自己的興趣或專業結合，等到真的做出氣候，確定賺到的錢會比上班多才能辭職。貿然脫離社畜的身分自行創業，將是勝算不大的賭博。

成毛真這番言論在過去的日本應該是「大逆不道」，但時代真的變了，在臺灣，年金改革後連政府都允許甚至鼓勵公務員兼差，那從私人企業下班後不發展一下自己的事業，還為公司沒日沒夜拚命，不是太跟自己過不去了嗎？

就算你不想讓自己這麼累去兼差，也應利用還在領公司薪水的時候，找時間、找資源投資自己，因為誰知道公司何時會被併購？公司所從事的產業會不會被淘汰？不管你是不長進的萬年科長還是熠熠生輝的明日之星，沒有一個職位是穩定的，以前腳踏兩條船令人瞧不起，如今腳踏多條船才是眾人欽佩效法的對象。

不過，一個人懷抱升職希望時，往往會有把命賣給公司的決心與勇氣，無暇發展副業、興趣或其他專業，一旦公司改組往往也就來不及了。相反的，那些早早體認到升遷無望的上班族，反而能活出美好的人生。

是的，只要觀念一改，劣勢即成優勢，缺點立刻成為優點。

比如說，因為沒有光明的未來，反而能放下身段隨意嘗試各種機會，那麼不管是否賺了大錢，至少可以賺到豐富的經驗與精彩的人生。

比如說，做事不堅持、沒耐性、只有三分鐘熱度，這些在過往是職場大忌，如今在變化迅速，環境不斷改變的時代，也許反而是生存的關鍵，因為只有不斷嘗試新事物，對任何東西都願意試著接觸，才有可能成為當今最夯的跨界整合者。

比如說隨著年齡愈大，冒險的意志力不再、記憶力減退，或許也都是好事，因為不敢冒險，正代表了我們更能深思熟慮，不會孤注一擲導致下場淒慘；記憶力變差讓我們忘了痛苦的往事，活得更快樂；體力不好也會讓我們找到更有效率的方法來解決問題。

接受現況，才能從中找到新機會。如果說，連在公司裡當個可有可無、升遷無望、缺乏未來發展性的庸庸碌碌上班族都是美好人生的契機，那麼面對退休，又有什麼好擔心的呢？

組合式人生的趨勢

我曾經應行政院公務人力發展學院之邀在中興學術文化講座發表專題演講，他們給我的講題是「看見希望——重新組合未來人生」。

國家的文官訓練體系要求所屬的公務人員開始思考開創多元人生的可能性，這是件很有趣的事情，也可從中觀察到一個全新的未來趨勢——即便如鐵飯碗般安穩的公務人員，也不能期待只有一個專長、只做同一種業務，然後就過完這一生。

從消極面來說，公務員的退休金愈來愈少，退休之後，或許得再找一份兼職工作來賺錢貼補生活。從積極面來說，如今人類壽命愈來愈長，退休後的確有漫長的光陰足夠我們享受第二、甚至第三階段，完全不同的人生。換句話說，這個時代除了賺錢養活自己或照顧家人，確實有機會投入自己的興趣，追求自己的夢想，活出精彩又豐富的人生。

演講完隔天，剛好有一個例行課程，要到考試院所屬的國家文官學院為通過特考的準公務人員上課。這個班有點特別，是退除役軍官轉任公務人員的特考，上課前我坐在講師休息室，忽然有位學員跑進來問我，民國七十幾年時是不是在馬祖防衛部的幹訓班上過課？

原來他是我在馬祖軍醫院服預官役期間，短期被派公差到幹訓班時的同學。他是陸軍官校畢業的職業軍人，不過服役沒多久就申請退伍，重新考進臺北科技大學讀書，畢業後進入私人企業工作近二十年後再度退休，然後經由這個特考，重新開始擔任公務體系的新鮮人。

這是三段完全不同性質的職業生涯，而且很顯然，十多年後屆齡退休的他，又有二十多年可以盡情揮灑。

我相信他不是少見的特例，而是從現在到未來的社會新常態。我們必須了解並接受這個事實，一個人一輩子只從事一種工作的時代已經過去了。這個世界的典範轉移速度愈來愈快，也許只是某個新產品的發明，就改變了我們的生活方式，讓很多行業就此消失，我們的人生也勢必會隨之改變，重新開始。

有些轉變我們處於被動立場，但愈來愈多時候是我們主動的選擇。比如說，有觀光產業教父之譽的嚴長壽先生原本培植蘇國垚先生當接班人，想不到蘇先生居然比他更早退休，因為他的人生規劃是二十年從事旅館業，再二十年從事教職，再二十年旅行環遊世界。

其實說穿了，職業生涯的轉變只是未來多元人生的某種樣貌，即便我們非常幸運，從事的工作不會因為時代變遷而被淘汰，還是有機會發展自己不同的專業。因為任何興趣的投入，久而久之都會變成專業，而任何一種興趣，就算再冷門，只要夠專業，都有可能變成可以帶來收入的行業。

尤其在周休二日重視休閒的時代，若再加上國定假日和自己的特休假，即便在忙碌的工作生涯裡，一年還是有將近三分之一的日子是自己可以規劃的。從二十多歲到六十來歲，就是十多年完完整整的空白時間，絕對可以發展出第二、第三專長。

日本趨勢專家大前研一就主張，四十歲之後每年要培養一項新興趣，他認為至少要有二十多種不同的興趣，否則退休之後會很無聊。

我很同意大前研一的建議，因為任何一種樂趣、任何快樂之道，其實都是一種習慣，需要時間去陶冶，也需要熱情去灌溉。今天不做，明天也許就不會執著地投入了。絕對不是等到有錢了、成功了、退休有閒了，就能輕鬆手到擒來。是的，正如林語堂所說：「如果我們願意，這人生是夠我們享受了。」

一直線的人生——年輕時努力讀書，學會一技之長，希望找到一個好工作；中間二、三十年努力工作、貢獻社會，最後等到退休之後才開始享受人生——在過去穩定的社會或許可行，但是面對現今不確定的時代，這種單一直線的規劃其實有點危險。即使不擔心金錢和生活所需，坦白講，這種單一人生的日子很無聊。

忘了是哪位大文豪說的：「大多數人在二、三十歲就死了，他們變成自己的影子，往後的生命只是不斷的一天天複製自己。」組合式、拼圖式的人生是這樣：每年給自己新的挑戰、學新的技能，認識一些不同行業的朋友，給自己一些新鮮的刺激，讓自己每天早上都可以從床上跳起來，迎接新的一天。

退休的失落與準備

一九八〇年前出生的人大概都習慣有一份正職工作，不管是不是換過不同公司或轉換不同的產業，多數人多半都會從某個機構退休，而退休前內心的惶恐與準備，自然成為中年後期的人生課題之一。不論到時候是自願申請退休，或是屆齡被迫退休，都是可以預期的，因此能夠提前規劃，以便無縫接軌退休後的另一個新人生階段。

首先，不要天真聽信同事、部屬或長官稱讚你是組織裡不可或缺的人才，通常那只是好聽的話，事實上是，部門或組織在你離開後仍然會正常運作，有你或沒有你其實沒有任何差別，這個體認是退休後的第一大失落。

因此退休的第一個心理準備是，你一定會離開這個你可能奉獻了大半生，創下許多引以為傲成就的公司。轉換生涯是必然的，除非你是企業的創辦人，而且殘酷的現實是，即便是創辦人，也必須交棒給接班人。

趨勢科技的創辦人張明正當年在日本和經銷商開完會後，正式宣布把職位交棒給他的小姨子，當他宣布完下臺，數十位和他合作了幾十年的老朋友立刻爭先恐後地排隊等著和新任總經理交換名片，把他晾在旁邊，沒一個人理他。張明正回憶當時的心情，即便退休是他期待多年並早已做好的人生規劃，那一刻，內心仍然非常失落。

的確，不管是不是大權在握的高階主管，就算是最基層的職位，任何一個職業都有他個人必須負責的工作，也就是屬於他掌握的權力，一旦我們習慣了這種權力或從職位而來的頭銜，當我們離開公司時，往往也不知道自己是誰了。

退休的第二大失落是因為我們不再有名片與頭銜，我們不知道該如何向新朋友介紹自己，換句話說，我們必須重新定義自己是誰。

即將失去名片之前，我們可以先練習遇到新朋友時不要急著掏出名片，換句話說，要克制自己遞名片的衝動，嘗試看著對方的眼睛和他打招呼，不談公司，看看是否能在短短一、兩分鐘內和對方產生連結，讓對方印象深刻並記住自己。

老實說，這很不容易，因此更要在退休前就開始準備。假設你去一家小酒吧喝酒，左邊坐著一位泥水師傅，右邊是一個沒在工作的啃老族，你是不是能和他們聊得很愉快，引起他們對你這個人的興趣呢？換句話說，我們平常的人際往來是基於我們是某間公司的某某人，還是可以用興趣或專長當作自己在社會存在的憑藉？

退休的第三個失落是以前上班時很忙，雖然我們嘴巴上會抱怨，但是忙碌也彰顯了自己存在的價值。退休後，所有時間都是自己的，睡到自然醒也沒問題，雖然我們會說好開心喔，自由了，不必看人臉色，可是無事一身輕久了，難免會懷疑生命的意義何在？

所以一定要提醒自己，退休前後的生活作息必須一致，找到足以取代原本工作時類似作息的例行活動，不管是參加社團當志工，重拾過往興趣與才藝，甚至找一份兼職工作，總之一定要有事情做，維持退休前一貫而類似的時間安排。

這些事情不能等退休後才開始找，即便參加的只是樂齡退休族的聯誼活動，融入新的人際關係還是需要時間，如果不提早「適應」，仍會感到挫折。退休前一邊忙碌地工作，一邊撥出空檔參與，因為內心不急，也還有職場上帶來的自信或光環，就可以在充裕的心境或時間下慢慢融入新團體。要是以為退休後有很多時間可以經營人際關係，到了新團體卻因為與原本的期待有落差而退縮的情況也很常見。不要以為這不會發生在自己身上，有非常高百分比的人，尤其是男人，退休後就變成了足不出戶的孤獨老人。

這些人不見得是不喜歡人或人緣不好，他們在公司內往往都很正常，只是如果你所有與人的互動都和工作有關，不管是同事、客戶或上下游廠商，這些關係都會在退休之後全部失去連結。不是別人翻臉無情，而是因為只有你退休了，只有你有時間，但其他人仍然要為工作、為業績忙得焦頭爛額，沒有空理你這個與業務無關的人，這同樣也是人之常情。

退休的最大失落，或許就是這種人情冷暖帶來的滄桑感。要記住，公司不是記憶人類情感的地方，公司唯一的使命與功能就是賺錢。你一離職，新人遞補，單位裡的人來來去去，誰記得以前的人做過什麼呢？

我們要知道，保留人類情感與記憶的地方是家庭裡的家人、親朋好友和有共同興趣或志同道合為公益付出的社團伙伴。因此，只有在退休前就花時間在這些地方，才能累積並擁有許多共同的記憶。

因此，工作再忙碌也要留下時間為退休預做準備，退休後也不能無所事事而要保持積極動力。清華大學校長劉炯朗退休後主持廣播節目、出書、演講、創業，生活得更緊湊、更多彩多姿。

他就主張，我們平常說的「退休」與「進修」，應該改成「進休」與「退修」，亦即進中有休，退中有修。通常我們為了進步需要去修，也就是努力的學習和練習，因此為了工作與賺錢，我們不斷地進修，但是在進之中，要記得休息，保持生活的平衡與整個生命的圓滿；相反的，當離開賺錢職場退休下來，生活步調變得緩慢之後，仍要保持積極的態度去學習，也就是退修。

只有當我們「進中有休」、「退中有修」時，才能順暢地融入這個既長壽卻又變化快速的時代，活出多重人生。離開正職工作，轉換成兼職有薪水的工作，或利用自己的專業與經驗擔任顧問性質的職務，或者重拾自己荒廢多時的興趣，當然，更好的是從不間斷的社會參與中找到生命真正的職志，完成自己的生命意義與價值，而我相信這全都要從「進中有休」和「退中有修」開始。

其實我覺得，面對退休前的惶恐，最重要的就是忘掉退休這個觀念，因為人生可以有很多組合，生命階段不斷在轉換，直到我們離開這個世界前，應該都沒有所謂退休這樣的心態，內心也要不斷地準備，這就是我一貫主張的「退休進行式」，永遠在準備與進行中，但是也永遠不該有真正的退休。

PART 2

柴米油鹽的生活

沒錢也能活出退休好生活

每當有朋友以大道理勸我們做某些我們不想做的事時，我們常會口出豪語：「我又不是被嚇大的！」其實這往往只是給自己壯膽罷了，誰叫我們真的是從小被嚇到大。媒體必須危言聳聽才會有收視率，名嘴唯恐天下不亂才有通告費，商人更是利用我們的恐懼來販賣商品賺錢，當然，政治人物更加不會錯過這個騙選票的好工具。

這幾年來，全世界的人最常接受到的恐嚇就是高齡化社會，國家破產，老年無所依靠……尤其是從金融海嘯到年金改革，一波又一波的震撼不得不讓人擔心：「要存多少錢才能安心退休？」

許多理財專家，尤其是那些想賣我們各種商品的業務人員會逐條列舉各種花費，試圖計算一個人退休後需要多少錢才能安享天年，而算出來的數字對於絕大多數的受薪階級來說，恐怕都是個天文數字。

對於少數企業經營者或擁有專業技術的高階主管來說，面對「存多少錢才能退休？」這個問題，也許幾年前預估賺到三千萬就好，等賺到三千萬後，又改口說一億，真的賺到一億之後，就更不會退休了。對於這些人來說，假如賺錢真的那麼容易，那又何必退休呢？何況賺得再多，周遭一定還是有比自己更有錢的朋友，相比之下，怎麼可能甘願退休？

但是，很會賺錢的人畢竟是少數，會為「該存多少錢才能退休？」煩惱的，大多數仍是領薪水的上班族，我身邊也真的有不少朋友為此惶惶終日，睡不安寢。

其實大家都多慮了，根本不需要擔心退休金有多少，因為不管有多少，只要你用心，都可以過幸福的好生活。

不用擔心的第一個原因是，擔心也沒用。

既然是上班族，屆齡就必須退休，退休後也不見得能再找到理想的工作，能再積存的錢也很有限，勉強想再拚一下的話，把身體搞壞了更划不來。要是因為擔心，把微薄的老本拿去投資，弄得血本無歸，更慘。

第二個不用擔心的原因是，八、九〇%的人都和你一樣，搞不好連那些理財投顧老師也沒辦法照他自己所說的存到那麼多退休金。既然全社會都是和我們一樣的人，靠我們的選票選出來的政府會讓八、九〇%的人活得很淒慘嗎？

第三個不用擔心的原因是，這一大批戰後嬰兒潮屆齡退休的人，是人類史上最龐大、最健康、最有知識水準又最有資源的長者，而且別忘了，這些人還有選票！和想像中過去在社會角落裡孤苦無依、三餐不繼的老人，大不相同。

第四個不用擔心的原因是，科技的進步與人工智慧的發展，在老人照護上可以取代不足的人力，社會結構也會隨著這群人數龐大又有資源的高齡人口而轉移。當然，現今年齡較低的中壯年或年輕人更不必擔心，除了有這群長者打下的基礎，再加上未來人口更少，生活品質當然會更好！

第五個不用擔心的地方是，很多讓人幸福快樂的事其實不用花錢，而真正重要又有意義的事根本是錢買不到的。比如有錢可以買到豪宅，但無法買到一夜安眠；錢能支付最昂貴的醫療照護，但無法買到健康。某位知名幸福企業的經營者甚至說：「錢能買到的東西很少，更買不到幸福。」他認為，錢買得到的都對健康有害，就算留給孩子也是有害的。

的確，有了錢可以讓別人為你做很多事，不必親自動手做，但是當我們不必親自去做的事情愈多時，人生的體驗就愈少，樂趣也就愈少。自己動手做，享受創造的樂趣。創造的定義是：因為你親自動手才出現在世界上的事，這也是生命意義的來源。

當然，有錢還是不錯，可以滿足很多人退休後想旅行的渴望，但若沒有健康的身體，就算有錢也無法長途旅行。要是我們擁有健康的身體，臺灣壯闊又優美的山林步道已足夠我們徜徉，而且完全不收門票、不必花錢。

很多人誤以為要存很多退休金才能過上幸福好生活，其實只要身體健康，生活不必花大錢也能過得又快樂又有意義，如今免費的公共資源很多，從長者免費的大眾運輸工具，圖書館、文化中心、公園、各種表演廳，到由政府或民間團體舉辦的活動，有時甚至比付費活動更精彩。

華裔日本企業家出版人邱永漢曾說：「有點小錢的小市民最幸福。」真的，錢不用太多，偶爾想打牙祭時能上館子，想泡溫泉可以來趟小旅行，這樣的小錢相信每個上班族退休時領的年金就支付得來。就像知名廣告人孫大偉被問到「多少錢算富有？」時，他回答手邊只要有十萬元就算富有，因為除了房子、車子、全家出國旅行……這類大筆支出，一次花上十萬元的機會實在不多，因此只要手邊有十萬元現金，那就是個有錢人了！

長榮集團創辦人張榮發先生也說過：「人生很奇妙，讓你懷念的，可能都不是錢買得到的東西。」別再為該存多少退休金而操心，因為能不能賺到錢不是憑我們個人努力可以做得到的，但是，好好運動、回歸家庭重建親情、交一些好朋友、把多出來的時間用來當志工、做自己有興趣且對社會有益的事，這些都是不必花錢就能得到幸福快樂的好方法。

不成為退休窮老爸的方法

日本的社會制度、文化習慣，甚至流行風潮和臺灣都很接近，只是往往走在臺灣前面約莫五到十年，比如日本的高齡化社會和泡沫經濟後的長期不景氣，臺灣如今正步其後塵。

日本前幾年有幾本引起社會關注的書，從《下流老人》、《貧困世代》到《老後兩代同垮》，無不點出了即將退休的上班族的焦慮。

的確，在已經退休五到十年以上的日本人那一代，企業有終身雇用制這種不成文約定，並隨著年資增長而加薪，退休時企業還會再給一大筆退休金，政府也會發不錯的養老金，更重要的是，他們的孩子大致還能在企業裡當個正職員工，有一份穩定且不錯的薪水。因此，這些人退休後的生活起居固定開銷都由孩子支付，自己領的養老金只當休閒零花、為乖孫買禮物。

但是，日本現在的情況改變了。現今的年輕人已經不太容易找到正職工作，企業為了節省成本，派遣人員和臨時員工的數量大幅增加，年輕一代的薪資少到連自己都養不活，哪有餘力照顧父母親，再加上近年年功序列薪水制度取消，屆臨退休人員的退休金縮水，政府的養老金也不斷降低，因此只要一退休就變成窮困、往下流動的老人，甚至被孩子拖累，老後兩代同垮。類似的社會現象迅速增加，出現《避免成為退休窮老爸的六個方法》這樣的書，自然順理成章。

《窮老爸》作者說，現在五、六十歲的上班族，大概都還領得到一整筆的退休金，而在有正職工作的上班期間按月扣繳的退休年金，也能確保自己在退休後會有一筆按月匯入的老人年金，這些錢該如何運用才不會一不小心就變成「下流老人」，作者提出了六大注意事項：

陷阱一，我是工作能力強的老上司。

因為上班時是主管，能力強，習慣了命令別人、指揮別人，退休後待在家裡就會看妻子處理家務的方式不順眼，若是開始東管西管，很容易破壞夫妻的感情。退休後如何利用退休金或寶貴的存款，需要夫妻倆共同商量，若是兩人沒有辦法好好溝通，錢可能就會在爭執與意氣用事的情況下浪費掉。

我很同意作者的看法，不只是退休金的使用需要溝通，退休後的生活是否幸福快樂，老夫老妻的感情是最重要的因素。從職場退下來的主管千萬得隨和一點，不要把老婆當成屬下來指揮，這確實是第一要務。

陷阱二，與妻子搭乘商務艙來一趟退休旅行。

很多人辛苦工作大半輩子，退休後想好好慰勞自己，或是認為到了七、八十歲可能動不了，所以早早開始享受人生，不知不覺間，這些奢侈且額外的開銷就把退休老本用掉了！

作者提醒，現在的中高齡退休銀髮族不管是身體或精神狀況，有可能到七、八十歲都很好，若六十歲就把錢玩掉了有點可惜，而且奢侈享受會上癮，一次又一次，累積起來的花費可不得了。而且，年紀真正大了之後，生病或各種醫療花費也會隨之增加，應該該留下一些預備著，不能在六、七十歲就把存款花光。

陷阱三，退休後要用興趣交朋友。

咦?!做自己有興趣的事，不是退休生活中最正當、最主要的事情嗎？怎麼會是陷阱？

作者認為，經營自己的興趣、認真交朋友，當然是人之常情，但務必要注意花在這些事情上的時間和頻率，若是因為退休後時間變多而頻率變高的話，花費難免就大，尤其與朋友在外面吃吃喝喝的費用，累積起來也不少。有些興趣則需要器材，那麼在器材上要投資，恐怕也是筆開銷。

作者還特別貼心提醒，退休後的人際往來，與其選擇領了很多退休金的前上司或有錢客戶，不如找國小、國中時代的同學。因為老同學們大多過著各式各樣的人生，生活形態比較多元，因此大家對於玩樂聚餐的選擇也會接近一般人的平均開銷，比較能夠在不勉強的情況下維持長久且深入的往來。

這點我也很同意，如何慎選退休後一起玩樂或開創第二、第三人生的朋友是非常重要的，後文也會再詳細說明。

陷阱四，不惜給予孩子金援。

以前是養兒防老，也就是傾盡資源協助孩子學習成長，成家立業，同時期待老後由他們來奉養。可是現在景氣不好，找好工作不容易，創業要成功更難，若把退休金全部拿給孩子進修或創業，孩子最後不見得真的能功成名就來奉養你，反而會耗盡你的存款、拖累你。難怪有人笑說現在不是養兒防老，而是養兒「妨」老——妨礙我們老年後的快樂生活。

臺灣如此，日本亦然，因此《窮老爸》作者提醒，雖然每位父母都希望能夠支持孩子的夢想或生活，但也要向孩子說清楚、講明白能提供的金援上限，不足的讓他們自己去想辦法。

陷阱五，一退休，銀行就來拜訪。

退休後拿到一大筆退休金，除了往來銀行知道，許多親戚朋友當然也知情，因此一定會有許多人來拜訪你，提供你很多投資管道。當然，這不是為了你著想，而是為了他們自己的業績，所以一定要審慎評估，不要別人一說好聽的話，迷迷糊糊就投資了不適合自己的理財產品，未上市的股票什麼的更是容易血本無歸。

陷阱六，投資不動產，涼快賺租金。

「靠房租收入過著富足的退休生活，不用工作，每個月都有定期收入，真的是太完美了！」很多人都有這樣的夢想，但是投資房地產的門檻非常高，除了需要大筆資金，標的物的選擇也是門專業，當房東也有很多原先想像不到的開銷。若是房子還有貸款的話，那不但輕鬆不下來，反而是退休生活的一大負擔。

不過，無論如何，退休之前若是有一間自住、已付完貸款的房子，基本上就可以有個安心的退休生活，這點後文也會再詳談。

除了以上六個應該避開的陷阱，退休前還應該盤點自己的資產，包括現金或類現金的商品（存款或儲蓄險），以及會增值成長的資產（如股票或基金等），然後是負債與固定支出，最後是各類的保險，依個人所需的醫療險、意外險或長照險等。

弄清楚自己有多少錢可以花，才能隨著退休後的不同階段和身體狀況，好好計畫與調整用錢節奏，並與老伴討論如何共度這段美好的退休生活，進而善加利用金錢這項工具，創造出屬於自己、獨特且不遺憾的人生！

要不要留遺產給孩子？

在即將退休時或已退休後盤點資產，算算自己這大半輩子賺來的錢，依此計畫往後的生活形態與開銷是一件很重要的事，當然，這其中也包括了遺產的規劃。

不要以為要留下多少遺產給孩子是有錢人的事，戰後嬰兒潮世代的退休人口，只要年輕時不吃喝嫖賭，努力工作，多多少少都會存下一些資產，若不先想好該如何分配給家人，孩子們為了遺產反目成仇者屢見不鮮，尤其是生前未變現或分割的不動產，最容易發生爭端。

對於要不要留遺產給孩子，清朝掃除鴉片的大臣林則徐說過一段很有名的話：「小孩若如我，留錢做什麼，賢而多財，則損其志；子孫若不如我，留錢做什麼，愚而多財，益增其過。」

美國鋼鐵大王卡內基也說過：「一個年輕人能夠繼承到的最豐厚資產，莫過於出生貧窮之家。」一如社會上普遍流傳的「家貧出孝子」。由於貧窮，孩子能體會父母的辛勞，滋生改善生活、努力上進的雄心。

這種一切靠自己的志氣在滿街都是媽寶的時代還蠻重要的。記得我哥哥讀國中時，家裡沒錢讓他補習，他自己跑去找臺北最大間的補習班老闆，向老闆說自己繳不出學費，但要是能讓他免費上課的話，他將來的考試成績可以讓補習班當招生宣傳。

老闆或許是好奇一個孩子居然敢直接找大人談判，真的讓他免費去上課。後來，哥哥在聯考時以接近榜首的分數成為全補習班當年最高分，讓補習班得到了免費宣傳的機會。我的膽子沒有哥哥那麼大，都是自己亂讀，大學畢業後也沒向家裡拿過錢。即使父母百年後，我們為人子女也從不期待獲得任何遺產。

但是，我知道時代改變了，雖然我認同節儉樸實是很好的美德，孩子擁有太多錢只會養成奢侈浪費的習慣，太輕而易舉得到的東西也不會被珍惜。但當社會經濟已經過了快速向上成長的階段，競爭又愈來愈激烈，父母如何將有形或無形的資產留給孩子，就是個必須慎重思考與計畫的新課題。

比如說，有個朋友曾經很感慨地說：「過去我們都說不要給孩子魚，而是要教他們釣魚的方法，但是到了這個時代，孩子就算學會釣魚的方法也沒用，你還要給他們釣竿，並帶他們到有魚的池塘。」

一旦我們盤點完資產，不再工作賺錢時，如何使用財產應分為三個方向來思考：第一是必須用到的錢，也就是退休後長達二十多年的日常固定開銷與生活費；第二是可能會用到，比如生病時的醫療費甚至看護費，這部分或許可以依照自己的能力與條件選擇適合的保單來預做準備；第三是享受人生的所需花費，也許是個人樂趣、也許是人生圓夢資金。扣除這三個部分之後剩下來的，才會是留給孩子的遺產。

有位朋友曾經很務實地建議，留下多少錢給孩子，最多就是遺產的免稅額。因此首先要去稅捐處申請「全國財產總歸戶財產查詢清單」，確定自己名下的房產和土地現值多少錢，再加上現金和股票等資產，查看一下是否超過了免稅額，只要是遺產多到必須繳稅的部分，就是自己生前應該花掉的錢。

也有朋友認為，自己賺來的錢，首先要做的是贈與給自己，慰勞自己過往這麼辛苦。這話當然沒錯，但在現實生活中，我們往往不忍心把錢花光光，眼睜睜看著孩子在生活裡掙扎。

我自己的做法是，向孩子清楚表明，他們讀大學和研究所兩年所需的學費與生活費都由我們全額供應，他們只要好好讀書、充實各種技能，不必去打工，但之後就得自立更生。當然，家裡的房子若想住，結婚前都可以繼續住，結婚後就必須搬出去。未來房子變成遺產後，也會公平地分配給他們，並預留現金讓他們不需要急著賣屋變現以支付遺產稅。

對於資產有限的一般人來說，只要事先想清楚，其實很容易處理。孩子比較多或房地產多的人比較需要費點心思。

不過，如何善加利用財產幫自己圓夢，也是完成自己生命的意義。有研究發現，一個人會覺得自己這一生過得很有意義、很值得，通常來自於他能夠把大部分時間花在看重的事情上。人有百百種，每個人看重的事情都不一樣，有人在乎朋友，有人重視家庭，有人喜歡大自然，有人醉心於文化藝術，有人追求性靈與宗教上的修煉。不管是什麼，只要你能把大部分的資產，也就是時間與金錢，花在這些你在乎的事情上，比較容易覺得自己這一生是完滿而值得的。

這個研究結論說起來簡單，做起來卻不太容易。首先，你得先確定自己真正在乎的是什麼，然後就要「聰明而看得開」。

比如說，朋友的父親年近八十，身體仍然很硬朗，平常沒有什麼特別的興趣或嗜好，就是盼望常常和兒孫們聚聚聊聊。其實他很幸運，外孫、內孫成群，統統住在大臺北盆地裡，坐捷運都到得了，可是因為大家都很忙，還是只有逢年過節才碰得到面。

當我知道他的苦悶後，向他建議，為何不通告所有孫子們，只要來陪爺爺或外公上餐廳打牙祭，每個人就發一千元獎學金。我相信有這個獎勵，那些正在讀中學或大學的孫子們一定會爭先恐後回老家，老人家也可以藉此傳遞自己的人生經驗，或幫他們解決生活與學業上的問題，幫助他們實現夢想。

我同時輕描淡寫地提醒，反正這些錢最後也是會被孩子們分掉，為什麼不現在親手交給孫子輩的家人，還能在鼓勵他們的同時順便督促這些孩子，因為他們的父母親現在恐怕正忙於為事業奮鬥，沒太多時間管教孩子，老人家有的就是時間與經驗，幫忙照顧孫子輩也順理成章。

他聽了我的建議，眼睛亮了起來，不過很快提出一個問題：「如果他們來找我，卻都只看著自己的手機，沒空和我聊天怎麼辦？」

我聽了哈哈大笑，說：「這簡單，你只要宣布陪爺爺或外公吃飯時，不帶手機的給兩千元，途中有接聽電話的只給五百元，我相信他們就會專心和您聊天了！」

如何把擁有的資產放在自己最在乎的地方，只要我們看得開、願意思考，應該人人都做得到。比如說，我很鼓勵那些兒女都在外國成家立業，而自己不願意去國外養老的長輩，賣掉一間房子，拿現金成立一個基金會，聘請幾位年輕人來幫自己實現夢想，若是關心教育，就成立教育相關基金會；關心環保，就成立環保相關基金會。我相信將畢生賺來的錢這樣子投入自己在乎的領域，會讓自己的人生更有意義，活得更精彩豐富。

其實，遺產不只給家人，也該回饋給社會。

我很喜歡的義大利作家卡爾維諾曾描述：「死亡就是我加上這個世界再減去我！」如此奇怪的算式大概是想提醒我們，我們離開這個世界時無法帶走任何東西，那麼重要的就是，我們到底留下了什麼？是留下垃圾汙染還是光明與溫暖？世界有沒有因為我們曾經來過而變得更美好？我們可曾為了下一代留下足以安居樂業的生活環境？

當然，我們留下來的遺產不見得非得那麼崇高偉大。把我們大半輩子收集並珍藏的物品留給喜歡它們的親朋好友，也是一件很棒的事。可以趁著還有體力整理自己的物品時，依「斷捨離」的原則整理一番，及時送給別人。生前送出的東西是禮物，死後拿到的叫遺物，我相信除了家人，每個人都比較喜歡朋友送的禮物，而不是遺物。

遺產除了有形的資產和物品，無形的身教或典範其實是我覺得最棒的，就像我雖然沒有從父母那裡得到任何有形的資產，但是他們的淡泊名利，對於知識的熱情與永不止息的善意和信心，都是我們最珍貴的遺產。父母的行止更是子女一輩子追隨的典範。

無形的遺產還包括了和家人相處的美好回憶，因此即便退休金拮据，還是應該想辦法挪出和家人一起旅行的費用。

當然，我覺得留給孩子最好的遺產就是把他們教養好，成為一個肯吃苦耐勞、認真負責的好人，不然就像常聽將屆退休的朋友說：「老了要自己好好過日子，不依靠兒女！」時，我都想吐槽：「你不想依靠兒女，但是他們萬一被你養成媽寶，長大後繼續啃老，你該怎麼辦？」光嘴巴說不靠兒女是不夠的，也要讓他們爭氣。

其實在這個高度競爭且經濟成長放緩甚至停滯的壞時代裡，我們可能真的沒辦法留下什麼錢，臺灣俗語有道是：「生吃都不夠了，哪能晒乾當存糧。」但是即便如此也不必灰心，物質匱乏並不等於我們對家人、對社會的愛也匱乏；相反的，即便我們運氣好，賺了許多錢，也不代表我們的愛是富足的。是的，只要我們願意，人人都可以留下最珍貴的遺產。

不再有永久地址的名片

自古以來，不管進京趕考，就任新職或訪師交友，都會遞上「名刺、拜帖」，也就是現在的名片，上面除了寫有自己的名號，還有家鄉名。即便至今，我們談及某一古人，也常以其出生地做為辨識之用。

到了現代，直至我進入社會工作好些年，每個人的名片上除了姓名和連絡電話，一定還會附上兩項重要資訊：通訊地址和永久地址。意思很明白，我現在居住的地方叫做通訊地址，父母住的地方叫做永久地址。

光陰流轉，不知何時，名片或個人資料上的永久地址欄位不見了，正回應了時代變遷，「永遠居住」與「老家」的概念也將成為消失中的記憶。這沒什麼好或不好，時代改變，很多事物再也回不去了，我們只能因應變化，找到讓自己安身立命之處。

失去老家與不再有永久地址的現象，也伴隨著傳統大家庭的瓦解，還有人口朝都市集中的趨勢，再加上全球化的影響。當然，工作機會也造成了人口不斷移動，無法長期定居的結果。再加上因為沒有親族晚輩的照料，長輩已無法在家終老，被移至養老村或安養院後，老家也就消逝了。

唯有我們了解並且接受這個趨勢，才能好好思索如何安排自己不同階段的居住空間。很多人在求學階段末期就會搬離老家，在學校附近租屋，畢業後當然也會隨著上班地點決定住處。

第一次產生購買房屋的念頭，通常是結婚和生了孩子之後，現代父母親常會為了孩子的教育與學區決定購屋地點，這時候房屋的格局往往相當傳統，夫妻房、孩子房，或者加上一間孝親房，加上客廳和餐廳，所謂的三房兩廳，經濟能力較寬裕的，或許還會加一間書房或視聽室。

房屋是昂貴的不動產，必須存很多錢、繳很久的貸款，再加上自古以來安土重遷的傳統，導致我們對於買賣房屋或搬家，多半都是萬不得已時才納入考慮。

不過，就像這個長壽高齡時代帶給我們的多重人生一樣，房子也應該隨著我們生命的轉變而調整，比如說年輕時為了工作或孩子求學住的房子，等到退休年紀大時，還適合嗎？

屋內的格局也很重要。傳統上常常把最好的空間留給客廳，再擺入一組又重又大的沙發、矮茶几與電視櫃，可是說實在，現代人的客廳究竟有沒有接待過客人？我想絕大多數人與朋友碰面都約在外面的咖啡館或餐廳，很少在家裡，那麼留下大而無用的客廳不就浪費了嗎？也許改成全家人一起休閒娛樂的起居室更適合。

許多房屋當初為了孩子隔成一小間一小間的，當孩子長大成人離家後，那些房間就變成了擺雜物的倉庫，更麻煩的是未能考慮無障礙空間，許多年長者就被困在自己的房間甚至臥床上動彈不得，大大傷害身心健康。

前幾年，弘道老人福利基金會與永慶房屋合作，幫十多位獨居老人改造浴廁設備，比如加裝扶手，鋪上止滑地板，加強照明……，一位接受協助的阿嬤很開心地說：「真好，以後不用再戴安全帽洗澡了！」戴安全帽洗澡這種看似只會出現在搞笑電影裡的荒謬橋段，誰想得到是真實生活的寫照？這也反映了居家空間必須隨著不同年齡、不同需求而改變。

現代人重視養生，退休時身體多半還很健朗。我周邊許多朋友因為長年擠在都市裡工作，對住在鄉間與大自然相伴非常嚮往，很期盼退休後到山裡買一塊田地，蓋間別墅，耕讀以度餘生。

可是我覺得這些想法都太浪漫了，不是說不可能從一個上班族轉變成農夫，而是真正的下田耕作非常辛苦，自己的體力能否負荷絕對得納入考慮。此外，在鄉下蓋間別墅卻只有假日住，同樣大有問題，因為每次去都得整理打掃，反而享受不到度假的悠哉。在我看來，不如省下蓋別墅的錢，想度假就去鄉間的民宿，反而更自在、更快樂。

退休以前為了工作與孩子而住在方便的地方，這是必然之事。同樣道理，退休之後當然也該隨生涯選擇而改變，事實上，這多重人生其實還分成好幾個不同的階段。

第一階段是剛退休約六十來歲到七十五歲左右，約莫十多年，視個人身體狀況而定，這時的住宅規劃可以充分實現夢想，想住鄉下的住鄉下，想住富含文化氛圍的古都亦可。而我總覺得，如果有一群熟悉的老朋友住在附近，甚至共同營造一個共居的小村落或集資蓋房子，都是可以為這個階段的生活加分的選擇。

這樣的居住空間其實不必太大，因為不必留孩子房與孝親房，可以是開放式的大套房，頂多再略為隔出臥室與起居室，當然要是無障礙空間，以備不時之需，坪數大約二十坪左右應該就非常夠用了。因為這時候還可以走動，應該出門去和人群接觸，不需要宅在家裡。如果是集資與朋友共同蓋一棟老人公寓，可以在房間外預留能與朋友聊天、喝咖啡的角落與公共空間。

現在很多公私立機構甚至建商，也開始營建這種集村式的公寓套房，供生活仍能自理的老人家居住，提供共餐、課程與各種聯誼活動之外，也有簡易的醫療服務。

我認為，假如可以的話，這些老人公寓應該散落在都市裡，甚至一樓就是幼兒園或青年創業學習中心。記得小時候每條巷弄裡總是有些老人家會坐在門口聊天，守望相助之餘，還可以幫忙看顧街坊鄰居的幼兒。

若是住在城市近郊的大型集中化老人公寓，缺點是每天從睜開眼睛起床到睡覺為止，一眼望去，大多是年紀比你大的老人家，或許生命力也會在不知不覺中被磨耗掉？相反的，若是生活周圍有許多年輕人，彼此有聊天甚至合作的機會，老人家的活力也會不斷滋生出來。這應該也是「青銀共居」正如火如荼在全世界開展的原因吧？不只是公益團體，連政府也開始主動媒合年輕人與銀髮族住在一起，除了弭平世代隔閡，也可以激發出更多創意。

至於七十五歲或八十歲之後，行動逐漸不方便，或者罹患疾病需要較多醫療照護，這時的居住環境又和之前不同了。目前世界各國政府都全力推動在宅老化，不管是透過到宅的照護員或是社區裡的各種照護機構，都可以依個人的條件與喜好來選擇。

當然，人生最後一個階段，即便是接受全天照顧的療養院，期間當然是愈短愈好，目前很多國家的終老前臥床年數都高達七、八年以上，這是個幾乎沒有個人生活品質又浪費社會資源的階段，如何降低這階段的時間長度是此世代的人類新課題，因為現代進步的醫療科技可以用機器維持呼吸和心跳，人固然不死，但也不能說是活著，幾近延長死亡時間而已。

據統計，身體健康能走能動，將縮短終老前的臥床時間，因此安排好人生不同階段的居住空間，讓自己維持活躍的社會互動，對自己好，對家人好，也對社會國家有莫大的好處。

一事能狂便少年

這些年愈來愈常看到少年老成，或該說死氣沉沉、了無生趣樣貌的年輕人，同時間，雙眼閃動著光芒，熱情洋溢、興高采烈的老頑童也愈來愈多了。

古人說，一事能狂便少年！

這狂可以是狂熱，只要內心燃燒著夢想或追求著具體目標，那麼不管幾歲都會充滿活力。

這狂也可能是狂人，不在乎他人眼光，淨做些傻事或瘋狂的傻事，也是找回青春的好方法。

另外，狂也許是孔老夫子讚揚的狂狷，有所為有所不為，也就是現代社會裡比較特立獨行的人，能夠「閒人所忙，忙人所閒」。別人汲汲營營為名利奔波，你卻毫不在乎，忙的都是別人看不入眼，與錢財沒有關係的「雞毛蒜皮瑣事」。這種狂狷是浪漫的，也是生命力的展現。

不過我知道，許多人目前還沒找到值得獻身的夢想，也沒有足夠的條件狂狷，又不好意思當個引人側目的狂人，那麼該如何找回青春活力呢？

如果你的血管還有彈性，血壓正常，可以嘗試一些冒險性的休閒活動，比如溪流泛舟、海洋划獨木舟、飛個滑翔翼或拖曳傘，體力若還充足，溯溪、攀岩都可以考慮。

若是擔心身體狀況無法負荷這些會讓心臟快速跳動的活動，那就去學音樂吧，最好是打擊樂器，除了抒壓，入門技巧也比較簡單，敲擊類的音樂也沒有對錯之分，只要自己爽就行。

好吧，如果家裡住公寓隔音差，怕被鄰居抗議，附近又沒有音樂教室可以練習，那就聽聽老歌吧。聽些童年、青少年，或者當年談戀愛時流行的歌曲，自己跟著哼哼唱唱，一定會憶起當年的情景。有人認為，與其說眷戀某一首老歌，不如說想尋回那時候的自己，那最令人疼惜的青春少年！

若老歌還不能讓你從回憶中找回生命甦醒的活力，那麼就大笑吧，不管想不想笑，都強迫自己大笑！近年有個「愛笑瑜伽」的團體在世界蔓延，這種源自於現年六十出頭的印度醫生卡塔利亞（Madan Kataria）所提倡的方法，主張模仿一個人大笑的樣子大聲地笑，不管是真心的笑、強顏歡笑或是虛偽的笑都沒有關係，你只要笑得很大聲、很誇張，笑得夠長、夠久就行。

不要取笑這種像瘋子的行為，因為這方法真的很有效，可以讓人抒解壓力，找回活力。

好吧，假如你真的拉不下臉莫名其妙地大笑，那還可以搜集笑話，常常看笑話、講笑話、聽笑話，讓自己開心。有的笑話真的很好笑，每看一次，每一次都會笑得很開心。

記得讀大學時，有一年我擔任學術股長，醫學院素來有作共同筆記的傳統，每堂課在學期初就已分配妥當由哪一組的同學負責記錄和整理，上課筆記是全年級統一影印閱讀的，而我除了負責催收與印刷之外，還有一個非常重要的任務——在講義的空白處，每隔二、三頁添加一則笑話。換句話說，整年度講義的笑話都是我搜集來的。同學們一拿到共同筆記，第一件事就是翻找笑話，看完笑話就把講義放入書櫃，等期中考和期末考才會再拿出來讀。

聽笑話的確可以恢復青春活力，很多大學生之所以會捧教授的場，是因為這個教授講的笑話比較好笑，所以補習班名師一定要很會講笑話才吸引得到學生。

找回青春還有另一個方法，去學個才藝、上上課，現在各種成人進修班很多，不要挑科目，直接由骰子來決定，反正上這課又不是要拿學分、領證書，也不是要應付工作賺錢，上的課愈奇特、愈想像不到，愈好。

或者，我建議每個月挑個假日固定去圖書館借一批兒童繪本或童話故事書來看，讓充滿童趣的奇幻故事幫我們找回長大之後逐漸喪失的想像力，恢復我們被現實社會傷害的信任與希望。那些總是夢想成真的故事，還能撫慰我們沮喪的心。

最後，買些盆栽，在自家陽臺或書桌上種些香菜植物，看著小芽慢慢長大，那種生命的力量將澆灌我們枯萎的心靈。當然，菜種得好，除了自己吃還能送人，也增加一些與人的交流。這些沒有利害計算的人際互動，也是找回青春活力的好方法。

大叔大嬸逛大街

很多人因為工作壓力太大，下班後只想窩在沙發上看電視，假日也在補眠和購物中度過，沒有閒情逸致培養興趣或參加社團，好不容易退休後有時間了，剛開始或許還會和朋友去哪裡走走玩玩，吃吃喝喝，但也很快就失去了興致，而且往往因為生活作息改變，人很快地懶散下來，時日稍久，整個人變得對什麼事都沒有興致，整天盯著電視看。換句話說，如果沒有特別提醒自己並且預做準備，退休後的日子很可能是死氣沉沉，失去生活的熱情。

繪畫大師畢卡索說過一句很有意思的話：「我花了很多年的時間，才變得年輕！」是啊！多少人從進入學校就開始變老，從興沖沖愛玩的孩子，變成充滿負擔與壓力、僵化而無趣的成年人？我們必須很努力才能重新找回自己心裡那個富有創意又有熱情的年輕人，連畢卡索都得花很多年，何況我們？如何找回自己的熱情與興趣，正是面對退休生活的重要課題。

日本知名企業顧問大前研一主張，人從中壯年起就要每年培養一種新的興趣，他認為到退休之前至少要有二十種興趣，而且這些興趣最好各種類型都有，動態的比如登山、打球、跑步、騎單車等，半動態的比如種田、園藝、旅行、古蹟導覽等，靜態的比如畫畫、玩樂器、捏陶土、寫書法等，全靜態的比如欣賞音樂、藝術、學語文等。之所以要刻意接觸並培養不同類型的興趣，主要是為了避免身體若有所變化，或者體力衰退時，仍然有適合投入的興趣。

我覺得興趣最好能夠有成長的空間，可以讓我們設定目標，不斷地深入，保有進步的餘地，而不只是單純打發時間之用。如此一來，既能讓我們獲得更大的樂趣，也能鍛鍊我們的大腦，發展多一些「認知儲備」，預防失智。

世界著名企管大師彼得．杜拉克就給自己一個挑戰，每三年鑽研一種新的興趣，目標是三年後就能針對這個興趣寫文章、出專書、演講，甚至開課當老師。

如果你不知道如何開始尋找新的興趣，其實只要在和朋友聚餐或結識新朋友時開口詢問：「最近有什麼新鮮事？」或是直接問他們現在正在學什麼、做什麼消遣，再仔細聆聽並記筆記，然後自己去嘗試看看。

找回對生活的好奇與熱情，方法還有很多，比如買幾本從沒看過的雜誌，要求自己一頁一頁耐心讀完這個從未接觸過的新領域。我就有這樣一位朋友，每個月都會到書店挑五本他從來沒有看過的雜誌，回家仔細閱讀。

除了看書，也可以改變日常交通路線，開車偶爾換不同的路線走，走路搭捷運時就換條巷弄走。雖然人人都知道這句名言：「真正的發現之旅，不是尋找新世界，而是用新的觀點看世界。」但在一成不變且被時間追著跑的日常生活中，能夠用新視野觀看習以為常的世界，其實是很不容易的。

因此，我很羨慕龍應台老師的「特異功能」。她說：「每次離開家門出去走走都是一次小探險，任選一個地圖沒有去過的點，捷運把我載到那裡，冒出地面，就開始那整個街廓的探險。」

龍老師的特異功能是，站在捷運出口，對著眼前鋪展的街道巷弄，她只要調一下內在心靈的 App，這個熟悉的城市就可以頓時陌生起來，好像一張黑白照片突然轉換成重彩的油畫，充滿了神祕，處處是驚奇，讓自己變成一個初來乍到探索的旅人。

哇！這真是珍貴的特異功能——雖然每個人童年時都曾擁有過。小時候可以一看再看，甚至第五十次看到一模一樣的卡通畫面時，還是會哈哈大笑；年輕時也很容易因為一件無比簡單的事情而開心大半天，但這種很容易就快樂的心情，卻隨著成長而消失了。

我發現，歷經滄桑的中老年人，若要擁有真正的喜悅，生活一定要單純，心要靜下來，從複雜的欲望中沉澱出自己真正在乎的事。也唯有恢復簡單澄淨的心，才能重新感受這個世界。

這種從新鮮的角度看世界的能力，應該是可以訓練的，我覺得保有「好奇」的能力，既是熱情，也是熱愛這個世界最重要的基礎，就像大畫家梵谷說的：「熱愛生命最好的方法是去熱愛許多事物。」

若擔心自己一個人嘗試這些新鮮事與新挑戰，會產生一曝十寒、三分鐘熱度的情況，建議參加課程，利用周邊的人際互動來克服自己的惰性。現在各地都有社區大學，開課內容五花八門，有許多你想都想不到的課程，費用也很便宜。這幾年教育部在一百多所大學裡開設樂齡大學，這是有學分的學程，也是退休人士與大學生可以互動學習的平臺。

利用情境的力量是很有效的，如果條件允許，換地長住（Long Stay）是找回好奇與生活熱情一帖最猛烈的藥，每次長住以二至三個月最恰當。要是可以，短期留學應該是最佳回春法無疑，現在世界上許多大學都開設了類似的課程，歡迎退休樂齡族選修，有些大學甚至已著手改建宿舍，加大房間，供退休夫妻一起住宿。

我今年的新計畫就是和剛退休的太太進行「大叔大嬸逛大街」，給自己一個挑戰，每星期一起去一個我們從沒去過（或三十年以上沒去過）的地方，或是參加從來沒有參加過的活動，或做一件自己從來沒有做過或體驗過的事情。

之所以說是挑戰，因為如果沒有明確訂出具體目標來要求自己，一定會有各種藉口與突發狀況讓自己無法持續。規定每星期做一件新鮮事，而不是自己最喜歡或最自在的事，也是刻意地勉強自己走出舒適圈，把自己丟入不熟悉甚至全然陌生的地方，人在這樣的情境下身體會分泌腎上腺素，處於警備狀態，也就能重新激發出對外在世界的主動觀察與探索，而這正是製造「熱情」的元素。

另外，強調新鮮陌生的事物，也是強迫自己脫離數十年來在職場上事事都明確處於掌控之中的習性，讓生命重新回到充滿各種可能的神祕狀態。當我們願意鬆開規劃的人生，令人興奮且美好的生命才會在我們面前展開！

來吧！跟我們一起來趟大叔大嬸逛大街之旅！

準備老的時候的下酒菜

神祕女詩人夏宇有一首〈甜蜜的復仇〉，短短的詩，常常被我用在題贈給朋友的相片背後：

把你的影子加點鹽，醃起來，風乾，老的時候，下酒。

這首詩貼切描述了相片的功能與重要性。

曾有好多年，我自製的賀年卡封面畫著一個坐在搖椅上的老頭子，他的雙腳泡在一個寫著「dream」的盆子裡，旁邊題著字：「我把昨夜的美夢，放進冰箱，很久很久以後，當我齒搖髮白時，把這凍結的美夢，解凍加熱，再坐下來把老骨頭泡個夠！」

相片的確是最能顯示歲月痕跡的憑藉，一張張相片就是我們的生命，那些相遇的人、心動的時刻，彷彿重新活了過來。這種回溯對於確認每個人獨特的生命意義是很重要的。

作家王鼎鈞說過一個故事，據說一個人死後，他的靈魂會把生前留下的腳印一個個撿起來，因此，每個靈魂都必須把生平經過的路再走一遍，街頭巷尾，路上橋上，車中船中，腳印永遠不滅。縱使橋已塌，船已沉，路已翻修，一旦靈魂重到，腳印就會一個一個浮上來，等待靈魂的撿拾。

這是一個很動人的傳說，我覺得整理過往的相片就像是撿拾腳印的儀式，我們撿回的不只是腳印，所有我們唱過的歌、流過的淚、滴過的汗，都會在我們重新回顧時化為陳年美酒，溫暖著我們的心。

這麼美好的事情，當然不能等到視茫茫、體力不濟才做，應該要在來得及且記憶猶新時，挑選值得珍藏的相片，為它們加上備註。

是的，我說的是一張張的相片，而不是掛在網路上某個資料夾裡的數位電子檔。

以前拍照的成本很高，底片要錢，一卷只能拍三十多張，沖洗成像要錢，洗成相片當然也要錢，更麻煩的是，一直到洗成相片為止，你都無法確定自己有沒有拍到想要的畫面，曝光量夠不夠，是否手震模糊。也因為拍照是這麼不容易，以前對於拍照往往很慎重。

現在一切影像訊息全部數位化了，手機無所不拍，保證張張成功，而且不必花任何錢。這當然是進步，但一切過於方便之餘，也喪失了許多樂趣。以前朋友們一起出去玩，負責拍照的人會細心地把相片加洗好，再找個時間聚餐、分送相片給大家。有人出國旅行回來後，也會邀約大家以幻燈片分享旅行心得與見聞。但是一切數位化後，需要的相片直接透過電子信件傳送，或是把相片存在雲端資料庫讓大家上去看，已經不再有大伙兒碰面聊天那種情感交流的動力與機會了。

前些年《紐約時報》的一篇專欄也提到了相片數位化帶來的可能問題。作者提到在以前的膠卷底片時代，拍完照，至少會洗出一疊實體相片，有的人會整理起來貼在相簿裡，沒空整理的人至少也會把相片整疊收進鞋盒，堆在閣樓的儲藏室或櫃子裡。就算一個人百年後，後代子孫要找資料，即便老舊發黃，都還有第一手的原始資料可以研究或佐證。

現代人把數位資料儲存在電腦裡，萬一電腦毀損或失竊，即便曾經很小心地備份起來，萬一哪天發生了意外，來不及交待或整理，那些電腦裡的加密私人數位相片或檔案不但沒人知道，即便後人有心尋找，恐怕也不得其門而入。

的確，若有實體物品，尤其是洗成相片以後，多數人都不太會扔掉這些相片，最有可能的是放入餅乾盒再擺進抽屜或櫃子裡，基本上算是「永遠存在」。

臺大哲學系傅佩榮教授曾經問：「假如天崩地裂急著逃難，或者家裡失火，緊急狀況下你只能帶走一樣東西時，你會帶什麼？」

他的答案是相簿。他認為所有的家具和用品都可以再買，銀行的存摺一定在銀行還有存底，但相簿如果燒掉就不能再複製了，將是無可彌補的損失，記憶中的迷惘再也得不到辨明的機會。

我和傅教授一樣，覺得相片代表的過往回憶是無可替代的資產，而且我主張，每次拍完要挑一些具代表性的，沖洗成一張張實體相片，除了放在雲端資料庫有不見的風險，也因為現在拍照太方便、太隨興了，資料庫裡存的巨量相片若沒整理，等於是垃圾。

相片要整理，要洗出來裝訂成冊，更要挑最喜歡、最具代表性的裝入相框，擺在看得見的地方。我在國外友人家時，常常看到他們的壁爐、客廳或臥室牆壁上擺滿了一幅又一幅的相片，整個居家空間顯得非常溫馨。

要是我們把每次家庭聚會、朋友相聚，以及一切生命中特別時刻的照片洗出來裝輯成冊，當兄弟姐妹各自成家立業後，逢年過節與年老的父母親團聚時，若是有這些相本讓全家人一起翻閱，或是各自翻看後不時探頭分享與討論，除了能印證各自的記憶，創造共同的話題，也會勾引出平常不會提起的事，促成心靈交流的美好契機。

很多人為退休後的生活做準備時，通常只會想到要準備多少錢、要做什麼投資，但是金錢只能滿足物質口腹之欲，我們都沒有注意到精神和心靈上的準備，這是很可惜的。

提醒自己從現在開始整理過往的相片，同時將現在和未來的美好時刻記錄下來，保存在一張張的相片裡，這可是我們老了之後的下酒菜啊！

原來大家都是小飛俠

前幾年無意翻看老照片時，無比震驚地發現：「老婆的年齡已經是當年我們結婚時丈母娘的年紀了！」

為什麼會驚嚇？因為第一次拜見丈母娘的心情與印象猶在——一位雍容典雅的長輩。可是回頭看看身旁的老婆，留著學生頭、穿著T恤和七分褲到處亂跑，哪裡像是德高望重的長輩！

想起前陣子看到某一場演唱會轉播，只見已六十多歲的男歌手穿著花襯衫與緊身牛仔褲，在臺上又蹦又跳。

隨手在書架上拿一本古龍的武俠小說，裡面正寫到一位名俠大老在壽宴上宣布金盆洗手退出江湖，自此歸隱山林。古龍描述了這大俠雖然白髮蒼蒼、年紀稍大，精神和體力仍然老當益壯……且慢，究竟是幾歲大壽？天啊，是五十大壽！那位「老翁」的年紀比我還小！

戰後嬰兒潮世代大概是人類歷史上第一代最不顯老，或者最不服老的世代了，不只女生想青春永駐，連男生的年齡似乎也凍結住了，人人都像是不願意長大的小飛俠。

資深小飛俠有個特徵：從青少年至今始終穿一樣的衣服，做差不多一樣的事情，買類似的東西，用同樣的方式與步調過生活。

其實每個人都有三種年齡，亦即時間年齡、生理年齡與心理年齡。時間年齡就是現在的日期減掉身分證上的出生年月日，古往今來都一樣；生理年齡會隨著醫學發展、衛生普及與養生保健產品的盛行，大概會少個十年左右；心理年齡嘛，很多人永遠停在年輕時代，不然也至少減個二十年以上。

為什麼上一代或前幾代的人，到了四、五十歲看起來就好老？原因很多，而我覺得衣著裝扮是很重要的因素之一。研究發現，如果你穿得很老氣，你的行為或內心的自我認知也會跟著變老。

看看周邊的朋友，哪一個不是把女兒淘汰的衣服撿來穿？甚至不管男女，年齡愈大穿得愈花，我就聽過好些朋友的孩子抱怨，父母把他們的衣服「偷偷」穿走了！

為什麼現在的中老年人看起來比上一代年輕，服裝或美容整形其實功不可沒。

資深小飛俠還有一個共通點，熱愛追求冒險刺激。不要說前些年在臺灣引起風潮的「不老騎士」，現在還有「不老水手」呢！若是以前，八十歲的老翁早該安安分分坐在家裡被眾多曾孫環繞，現在居然划著獨木舟航向大海！

有人研究說，這一代人之所以年紀愈大愈愛冒險，是藉此向死亡，向內心恐懼那終將到來的死亡挑戰，或者示威。

自古以來華人文化傳統中的「三十而立、四十而不惑、五十而知天命，六十而耳順……」早被打破了，人生每個階段的界線已經非常模糊，已經沒有人在乎什麼年齡適合做什麼事情，任何時候，只要你高興，做任何事情都可以。

付出與愛，使宇宙和自己更美麗

這十多年來，我在政府部門的演講主題很多元，最多的是講環境教育，每年至少三十場以上，並依據受訓單位與官階大小分成三種題目：永續發展與環境倫理、環境變遷的因應與挑戰、綠色能源與生活。從中央到地方的不同政府機構也常邀請我演講如兒童教育、家庭教養或書籍導讀。而我最喜歡講，但是每年最多只有二到三場的，卻是針對屆齡退休人士參與社會服務與志工的相關講座。

經濟部和其所屬的事業機構每年都會針對即將退休的員工舉辦退休生涯規劃講習，每次課程三天，我負責用半天的時間介紹社會上有哪些可以擔任志工的機會、各公益團體的組織特性和內容等。

據說有些北歐國家會開設長達兩年的課程，讓這些即將退休的人知道如何安排或適應退休後的生活，他們認為這是需要學習的，但在臺灣，似乎只有經濟部有此視野，只是三天的課程實在不夠，不過不管如何，畢竟是個開始，值得嘉許。

我很喜歡提醒別人，不管是大人還是小孩，不管有上班、沒上班，不管你的工作是不是已忙得焦頭爛額，一定要在生活中排出空檔到公益團體當志工，因為當志工優點甚多，不只是對社會的回饋，更會對自己的身心靈帶來莫大的好處。

「助人為快樂之本」雖然是句老掉牙的話，但是近年真的有非常非常多的科學研究證明，這不只是道德教訓而已。古往今來許多宗教家也一再開示，如果能將我們的思慮焦點從自己轉到他人，把對自己的關心轉移到對別人的關懷，自己的痛苦就會立刻減輕，生命也會立即開展，亦能同時獲得心靈的平靜。

這種幫助別人的前提是不為名、不為利，也就是無私的。因為即便做一模一樣的事情，你的身分是領薪水？是志願服務？對自己身心靈的影響截然不同。當然，我們需要賺錢，必須有一份領薪水的工作，但假如可能，我們都應善用自己的專業和時間來當志工。

一個人在幫助別人、從事公益活動時，身體的壓力反應會關閉起來，諸如憤怒、憎恨和嫉妒的負面情緒會降低，連帶影響內分泌系統，增強我們的抵抗力。有研究發現，這種因為無私奉獻而出現的愛，對於我們身體整體健康的保護能力，遠比每天固定吃阿斯匹靈來預防心血管疾病還要高出好幾倍。

付出將讓人快樂，這是因為體內多巴胺的濃度會大幅增加，大腦的腦內啡也會給人美好的感受，釋放緊張的情緒，帶來較為持久的平靜。這種正向樂觀的情緒也在許多研究中獲得了證明，與心情差的時候相比，好心情時的免疫力的確強得多。

當志工還可以預防失智，因為志願服務通常會接觸到不同的人群，這種人際互動對大腦的刺激與活化成效極佳。當志工還能擴展一成不變的日常生活，種種不一樣的新鮮經驗，都是大腦神經成長與健全的神奇肥料。

另外，隨著年齡愈大，我們擔心時日無多，對於生命流逝會產生莫名的焦慮，尤其現代人時時連線上網，分分秒秒都被無數的訊息轟炸，如此形成的時間壓力也是沮喪和憂鬱的來源。

曾有實驗專門研究人們對時間的感受。研究者針對不同的情況設計實驗，檢測我們對於時間的感受，包括把時間花在自己身上、無所事事地浪費時間、度假享樂、當志工幫助他人等。結果發現，把時間花在別人身上時，我們的主觀感受會覺得時間比較充裕而且沒有壓力。

換句話說，我們怎麼花時間，會影響我們對於時間的感受。弔詭的是，當我們很忙碌、壓力很大時，不管是煩躁地窩在沙發裡，或想藉由看電視來舒緩時間壓力，其實都比不上到海灘幫忙撿垃圾或幫助病童推輪椅來得有效。

同時，對一個離開職場的人來說，最大的失落往往來自於不再被人需要，那種覺得自己已經沒用了、即將報廢的感受，對於精神與心靈健康是很大的傷害。而當志工幫助別人的過程中，將獲得被需要的存在感，心靈不再自我孤立、自我厭棄。研究證實，「付出」是療癒自己最有效的方法。

的確，對一個退休的人來說，能夠持續為社會、為人群而付出，對自己的身心靈健康具有強大的功效，當我們能夠透過當志工的機會，做到無目的或不求回報的付出，自己的生命與世界也將改變。

我的好朋友拖鞋教授講過一句至理名言：「明天要做的事情其實是我們永

遠不會做的事，只有今天我們做的事情，才是我們真正會做的事。」

真的，不必等到退休或天時地利人和，現在就出門去當志工吧，世界正在等待著我們。

PART 3

伴侶與朋友

當個令人欣賞的伴侶

我相信現在幾乎每個人都是自由戀愛結婚的，「隨便找個人結婚，反正娶了誰或嫁給誰還不都一樣。」會這麼說通常只是風涼話，不管是誰，面對伴侶這道選擇題，即便不是心中十全十美的「白雪公主」或「白馬王子」，至少不會故意挑顆爛蘋果。那，為什麼很多人婚後卻埋怨自己的伴侶呢？

日本近年有個新的流行語：「夫源病」、「妻源病」，這個病來自於看另一半不順眼，形成長期的心理壓力，因而導致身體不適或引起其他疾病。為什麼原本魂牽夢縈的伴侶，如今會變成讓人一看到就很煩的「大型垃圾」？——這也是日本近來的流行語，專門用來形容丈夫退休後待在家裡無所事事，就像一件惹人厭惡卻又無法丟棄的大型垃圾。

世界各國有愈來愈多夫妻在孩子長大離家的空巢期或是退休後選擇分手，

日本用「熟齡離婚」來描述這已成常態的現象。伴侶分手，大多發生在結婚沒多久後與空巢之後，想必是因為家裡還有孩子需要照顧，夫妻都很忙時，即便很久沒有正視對方，似乎也不會特別注意到，但是一旦孩子離家，先生退休，夫妻倆整天在家裡大眼瞪小眼，就會產生問題了。

對於「熟年離婚」現象，男生要特別提早預防，因為有太多的調查與研究顯示，熟年離婚對於男生的健康與壽命都會有嚴重的威脅，對女生的差異倒不大。

專辦家庭問題的賴芳玉律師曾經分析，在她經手的熟齡離婚案件中，老夫老妻的婚姻困境排行榜前三名依序是：一、雙方不再有性生活，喪失了對對方的生理欲望；二、無話可說，生命裡已經沒有共同的期盼與興趣；三、老夫老妻彼此或長輩因為照料的問題而產生摩擦。

雖然大文豪托爾斯泰在《安娜．卡列妮娜》一書開場就寫下這句不斷被引用的名言：「所有的幸福家庭都長得類似，但是不幸的家庭卻各有各的模樣。」我卻覺得，想避免婚姻裡各式各樣的不幸，解決之道的基礎都一樣——當個令人欣賞的伴侶。

日本資深女演員吉永小白合近年獲得最佳女主角時發表的得獎感言是：「有些女人的問題在於，年紀大了就不斷中性化。」我想她的意思不只是指外貌的不修邊幅，而是隨著年紀增長就放棄了使自己更可愛、更令人欣賞的努力，總覺得都老夫老妻了，回到家還有什麼好裝的？

但在這個時代，不管男生或女生，在職場上或其他社交場合裡看到的男男女女，或是打扮得花枝招展、可愛甜美，或是玉樹臨風、溫文儒雅又體貼。回家後看到的不是披頭散髮、穿著邋遢運動衣的黃臉婆，就是窩在沙發裡邊看電視邊剔牙摳腳的大型垃圾。

如此鮮明對比之下，愈來愈懶得和那既不賞心又不悅目的伴侶講話。當然，會變成這樣有其原因。每個人每天出門討生活，面對社會競爭，勢必要把自己最好的一面呈現出來，精神緊繃一天後，回家只想自在放鬆，這也是人之常情，但仔細想想，我們把最精華的時間全給了工作，把最糟糕的身心狀態交由伴侶承受，這其實很不公平也不應該。

而且我們常認為都老夫老妻了，不必說什麼客套話，連帶也忽略了應該感謝的話語，久而久之，往往會認為對方做的一切與付出都是應該的，將其視為理所當然。當兩人不再彼此肯定與讚美，只有在不滿意對方時才交談；當兩人的對話只剩下批評與抱怨，這個婚姻就岌岌可危了。

老夫老妻也很容易自認了解對方，其實不然。有個調查發現，結婚愈久的人，愈有可能送出一份對方根本不喜歡甚至討厭的禮物。原因一是我們不再細心理解與體會對方內心的幽微想法與情緒，二是在一起愈久，我們愈容易把自己的喜好當成對方的喜好。

不去理解對方，又不願意清楚說出自己的期待，雙方的鴻溝當然愈來愈大，最終形成同床異夢的陌生人。

有人說，所謂的靈魂伴侶，就是和你步上紅毯的那一位。是的，與其眾裡尋她千百回，不如疼惜眼前人。只要想到再怎麼樣，對方都是自己挑選的、曾經熱愛過的，就應該想辦法找回彼此的親密感，重燃雙方的熱情。念茲在茲以下兩件事情，一是努力使自己再度被對方欣賞，二是努力欣賞對方。

老夫老妻最可貴之處就是雙方一起攜手走過的生命歲月，懂得珍惜這些點點滴滴的日常生活，就是幸福的人生。

如何重燃老夫老妻的熱情？

壽命愈來愈長，人人可以活上近一百年的人生裡，伴侶的重要性也愈來愈高。幾乎所有研究都顯示，對絕大多數人來說，與伴侶的關係是一個人幸福快樂的最關鍵因素。

因此，步入中年後就必須開始思考：要和誰共度餘生？

管理學大師韓第（Charles Handy）說：「近來，我有時會開玩笑，說我現在正處於第二段婚姻，只不過娶的是同一個女人。」當他們夫妻倆進入空巢期，也開始調整雙方的生活方式，藉此維繫雙方的友誼、婚姻與珍視的一切。

我很同意韓第的看法，成功的婚姻需要經歷多次的戀愛，但對象必須是同一個人。很多人聽到這裡會嘆一口氣，想到家裡那位，覺得對他／她一點感覺也沒有，不知該如何談戀愛。其實愛從來不會自然死亡，但我們必須不斷為它補充活水，不然愛就會在我們的疏忽下逐漸乾涸。

熱戀中彼此的「共感」或「心有靈犀」，往往是兩人認定「就是他」，對方就是命中注定靈魂伴侶的關鍵時刻，這種共感也是雙方親密感的最重要基礎。但到了婚後，尤其是孩子出生，雙方為家庭打拚奮鬥，在疲憊與壓力之下，這種「共感」不但消失，連心動的感覺都不見了。

老夫老妻很容易就會忘記，當初兩人的「共感」是創造出來的，是一起看電影、旅行、徹夜長談……那些以前覺得浪漫，婚後覺得幼稚，其實是兩人用心共同營造出來的「魔幻時刻」。只靠婚前累積的浪漫，很難撐得過婚後生活壓力的消磨，必須在漫長的人生裡，不斷持續創造「共感」的時刻，才能讓愛的活水不間斷。

簡單講，就是雙方要持續保持「幼稚」的浪漫情懷，也就是哲學家尼采說的「膚淺的深度」，這是從深度出發的表面功夫，比如忽然買花送另一半；妻子在廚房準備晚餐時，過去摸她一下屁股或親一下，在平淡刻板的日常生活裡創造一點驚喜。總之，要認真回想當初是什麼事情讓你們點燃愛的火苗、什麼舉動最令對方感動……只要用心，找到五個、十個「幼稚又膚淺」但會令對方內心激起漣漪的舉動應該不難。

另外，就像許多婚姻諮商師強調的，保持令人期待的性生活也很重要。但結婚久了，往往連這件年輕時最愛做的事也變成不得不的例行公事，就像作家王文華建議的，要避免婚後每次上壘都是全壘打，毋須防守快快結束，不再有奔回本壘被刺殺的刺激，因此要多向電影學習。比如在「城市鄉巴佬」第二集中，男主角和自己的太太上床，卻假裝在偷情：「你丈夫今天晚上到遠地出差，對不對？」

有次和大學同學閒聊時，他也嘆了口氣：「假如我太太偶爾裝扮成小護士或兔女郎，那我一定夜夜熱情高漲！」專家分析，愛包含了三種元素：情欲、親密及承諾。可惜的是，太多老夫老妻都把對方當親人，只剩下承諾，失去了情欲，而當雙方都沒有生理吸引力時，親密感也會逐漸流失。專家甚至強調，美好的性行為能夠填補伴侶之間許多無法用言語表達的鴻溝。換句話說，身體的良好溝通比言語的溝通來得有效且重要。

除此之外，根據研究，點燃伴侶激情最好的方法，就是雙方一起去做新鮮事或有挑戰性的冒險，這遠比兩人一起去本來就喜歡去的地方，一起去喜歡的餐廳，一起去看電影或聽音樂會都有效。重新燃起「激情」和「自在喜歡」，兩者的目的與結果是不同的。

也有人建議，每天既要有愛的大餐，比如睡醒起床前或出門前摟摟抱抱三分鐘，也要有愛的小點心，比如說寫個甜蜜的小紙條、說一句甜蜜的話。也有調查發現，伴侶最能夠感受幸福的三件事，一是互相按摩，二是手牽手睡覺（哇！這個難度也太高了吧），三是一起做家事。

某位婚姻專家的觀察還蠻有趣的，他說伴侶關係的維持通常不在於擁有共同偏好，而在於有沒有共同討厭的人事物。我猜這或許是俗語所說的「兄弟鬩牆，共禦其侮」，國家有外敵時，容易促進國內民眾的團結？不過我相信，夫妻兩人共同批評某個朋友、某件事時，其實也是在確認彼此的價值觀。

說到朋友，倒是有個研究發現，夫妻倆共同認識的好朋友愈多，婚姻關係愈穩定。我覺得這很有道理，我從二十多歲開始舉辦民生健士會讀書會，三十多歲成立荒野保護協會，五十多歲成立夏瓣生俱樂部，其中比較熟的、認識二、三十年以上的朋友，大概有五、六十對，大家都是從未婚，再看著彼此結婚生子。這五、六十對都是夫妻一起參加活動，大家都是一起成長的朋友，最後好像約好似的，這五、六十對裡沒有一對離婚，遠遠落在統計的正常範圍之外。

曾有專家建議，遇到感情問題時，最好帶著伴侶多和其他人相處，因為處於眾人之中，我們必須注意禮貌與口氣，怨偶間的慣性負面互動模式或情緒會被壓下來，同時在這樣的情境裡，就像你當初從人群中辨識出對方一樣，或許會讓你回想起對方吸引你的特質。

總之，伴侶應該重新約會，離開舒適圈一起探索未知的世界，並和一大群老朋友共同成長，這是我邀約老朋友「蝸行臺灣」的原因，也是我和太太兩人今年開始進行「大叔大嬸逛大街」的計畫緣起。

夫妻關係裡的承諾與陪伴固然重要，但若少了浪漫的愛情，其實是很可惜的，甚至可能很難維持長久的婚姻關係。中壯年以後，創造浪漫、找回熱情，當然得列入待辦清單裡面囉。

老夫老妻千萬不要溝通

雖然哲學家尼采曾說：「結婚前先問自己，即使老了也能和他溝通嗎？婚姻生活裡除了溝通，其他都是一時的事。」

聽起來很有道理，做起來其實很危險。我知道所有的婚姻專家都強調夫妻溝通的重要性，也透過各種工作坊或暢銷書傳授「溝通的四要素」、「面對衝突的五種方法」，教導我們如何積極聆聽——也就是重複對方剛剛講的話。哦，對了！還會特別提醒我們一些技巧，比如吵得太激烈時暫停下來、雙方輪流說話等，這些專家說得真是非常有道理，但請你告訴我，哪對夫妻在家裡溝通時會用這些技巧？在真實生活中既然沒人做得到，知道這些技巧就一點幫助也沒有。

我建議老夫老妻千萬不要溝通，主因是溝通非常困難也非常複雜，除了誠意，還需要能力。

所謂的誠意，是奠基於電影《愛在黎明破曉時》男主角說的：「如果世上有什麼魔法，一定是顯現在盡力理解某個人，或與之分享上。」是的，和伴侶溝通時，或許原先是為了理解對方，但是通常講沒幾句就變成向對方說道理，想說服對方、改變對方，最後甚至變成批評對方，溝通也就變成了爭吵！

溝通需要能力，這個能力不只是遵循專家提供的方法，而是有沒有能力掌控自己的情緒。我們往往一個不小心，就把表達自己的情緒變成了情緒性表達。想在你來我往逐漸升高的氣氛當中，從對方那種尖酸刻薄、冷若冰霜的死樣子，或是粗暴又凶神惡煞的表情裡，體認到對方其實是個孤單、受傷、渴望被撫慰與理解的小男孩或小女孩，這是非常非常艱困的。真正的溝通專家都需要經過多年訓練並具備某些天生的人格特質才足以勝任，像我們這樣充滿情緒與壓力的凡夫俗子，「溝通」恐怕只是一場陣亡率極高的冒險。

更慘的是，不溝通還好，溝通的結果往往變成批鬥大會，一不小心就把陳年舊帳統統翻出來，甚至誤觸對方的「地雷區」，一槍斃命，無法挽回。

「地雷區」是每個人內心最柔軟且不可觸碰的傷痛或屈辱，或許是特別脆弱、敏感的經驗，或許是無法用理性化解的堅持與價值，每個人都有，只是被埋藏得很深，不常顯露。就像俗語「哪壺不開提哪壺」所說，萬一我們在溝通不順時觸及那道紅線，兩人的關係將就此留下無法彌補的裂縫。人人都該謹記在心，即便是同床共枕的親密伴侶，也不該冒犯或觸及地雷區，這和愛不愛沒關係，再愛也要尊重每個人那無法討論的罩門。

就算未碰觸對方的地雷區，溝通時含帶的批評也是溝通失敗的主要原因。一般我們想和對方溝通時，背後的動機通常是想說服對方、改變對方，不見得是真心地想理解對方，因此就會對對方現在的行為做出批評。任何人都不喜歡被批評，「建設性的批評」根本不存在，所有的批評都會讓人痛苦，尤其批評是來自最親密的人，傷害也愈大。有人說，批評指責是親密關係的原子彈，真的，說服式或批評式的溝通一點用處都沒有，只會破壞感情，若想改變對方，最好的方法是從改變自己做起，改變自己的態度和行為。

高特曼教授做過一個很有趣的研究，他只要分析一對夫妻一個小時，甚至是短短三分鐘的對話影片，就可以判斷他們的婚姻狀態、將來會不會離婚，準確率高達九五％。他會分析夫妻兩人對話時的肢體表情、語氣中呈現的情緒。

比如先生講話時，太太無意識地翻白眼就是輕蔑的表徵，像是防衛、抗拒、批判和輕蔑都屬於負面情緒，其中又以輕蔑的殺傷力最強，只要出現，通常就是婚姻即將出狀況的前兆。高特曼教授的研究結論是，若想維繫婚姻，兩人談話時表現出來的正面情緒最好比負面情緒多五倍。

的確，也有其他研究顯示，夫妻之間幸福與否，不是來自雙方會不會溝通，而是雙方表現出多少帶有愛、情感及關懷的互動。

一旦生活中沒有足夠的正面互動，溝通是很危險的。我常聽到先生抱怨太太「不講道理」，吵架時也常罵太太「你到底講不講道理？」其實類似的話只顯現了先生的魯鈍無知，因為太太也讀過書，甚至功課比先生更好，因此她不是不懂道理，而是「不想講理」，而當女人不想講理的時候，一定有男人沒發現到的原因。男生搞不清楚狀況，只會怪女生，不是笨蛋是什麼？

這也是伴侶溝通最大的盲點，因為當我們溝通時，通常都希望對方「講道理」，但是這世界上和誰都可以講道理，就是夫妻之間不能講道理，「情」比「理」更重要，只要有「愛」，對方有沒有理，我們根本不在乎，因此重新找回「愛」的感覺，比「理性溝通」來得重要。

不過，萬一碰到真的迫切需要決定該採取誰的意見時，又該怎麼辦呢？我的建議是，誰比較在乎就聽誰的，或者屬於誰的專業或責任，就由那個人決定。夫妻雙方意見不同是很正常的事，因為雙方的成長環境、原生家庭不同，意見不合本就稀鬆平常，如何以平常心看待彼此的不同，找到兩全其美的方式，其實並不難。

夫妻不是商場上或政治上的對手，彼此爭輸贏，溝通不是為了說服對方，而是要找到雙方都能接受的第三條路，並不是硬要對方接受自己的意見。不然往往表面上你贏了，實際上卻輸大了，輸掉了伴侶之間的親密感。不就有人說了嘛，愛情是一種奇特的遊戲，最終的結果不是產生兩個贏家，就是兩個輸家。

我還認為，想透過「溝通」了解對方也是危險的，因為很可能會像法國政治家克里蒙梭那句名言：「我們不能再彼此溝通解釋下去了，否則我就不再了解你了！」心靈是無法透過言語來碰觸的，但可以透過一些媒介，其中最好的就是彼此擁抱。擁抱是最好的溝通，難過時擁抱，開心時擁抱，有事沒事都擁抱，這種肢體語言比我們從嘴巴說出來的言語更具有溝通效果。

退休前最該做的事

心理學家阿德勒說過一句很有道理的話：「所有煩惱，都是人際關係的煩惱。」不過關於幸福的研究也告訴我們，和他人之間有意義的連結，也就是良好的人際關係，正是幸福感最重要的來源。

古往今來所有宗教大師同樣不斷提醒我們，人是社群的動物，我們依賴他人而活，不論我們喜不喜歡，生命總是無時無刻會因為別人的所作所為而受益，因此我們大部分的快樂，來自於和其他人的關係。

我覺得，朋友是我們所能給予自己的事物當中最好的禮物，家人則是上天給予我們的禮物，因為不論是父母親或子女，我們自己都無法選擇，全是上天安排的。朋友就不一樣，朋友是我們可以自己選擇的，喜歡他才和他做朋友，不喜歡就不要和他往來，所以和朋友的關係應該是全然快樂的，是我們給自己的人生禮物。

可是，假如如此，為什麼阿德勒會說人際關係是所有煩惱的來源呢？作家余秋雨也曾寫：「常聽人說，人世間最純粹的友情，只存在孩童時代。這是句極其悲涼的話，居然有那麼多人贊同，人生之孤獨與艱難可想而知。」

余秋雨的看法是，孩童階段叫做嬉戲，友情的意義應該是在成年以後。但是，大家如此懷念的純粹友誼在成年後的交往之中若不存在，是不是表示進入社會後只剩下利益交換、爾虞我詐，乃至於背叛出賣的殘酷現實？

或許正如古希臘大哲學家伊比鳩魯的忠告：「最快樂的生活是不必勉強與人交際或過問政治的生活。」這也是我一貫的主張，不要期待在工作場合交到好朋友，因為不管和同事、客戶或其他業務往來的人，彼此都有利害關係。在職場交朋友，真的搞不清楚別人是否對你另有所圖，即使不為錢，為了選票、為了推銷某種宗教觀念……當然，同事若在我們退休之後成為好朋友，那是賺到的，我們真的不能期待從工作中交朋友。

因此，一定要在退休前結交一些沒有利害關係的朋友，再從這些朋友中找談得來、彼此相處得自在的人，想辦法繼續維持交往。雖然不管活到幾歲，任何時候都能認識新朋友，但退休後才認識的話，就會少了一點經過時間淬鍊的厚度。齊邦媛教授住進長庚養生村後出版的《一生中的一天》就寫：「這些訪客和我有共同的回憶，所以我是歡迎的，至少感到我們是過去數十年累積的我，而不是僅剩餘年衰頽的我。」

是的，老朋友有共同的回憶，不管是彼此抬槓或消遣，戲謔中都有相知相惜的了解。新朋友不知道彼此的過去，若常提及往事，搞不好會令新朋友覺得你倚老賣老、自誇自擂，因而生厭。反之亦同。

結交新朋友的方法很多，最簡單的是參加旅行團，在長達數天的旅程中找到志趣相投的朋友並不難。花費較多些的是參加以共同興趣為基礎組成的團體或俱樂部，彼此會有很多話題。效果相同但是不需要花太多錢的，則是參加一些進修課程。

至於我自己採用的方法幾乎不花錢，卻最容易結交到最棒、最熱情、個性最良善，也最值得當一輩子的好友，也就是參加公益團體當志工。而且最好是實作型的公益團體，一起流汗、一起面對挑戰、一起面對挫折，彼此有所謂的革命情感。願意參加公益團體的人當然是關心社會，也秉持著正向生命態度的人。擁有這種個性的人，老了以後相處起來，往往最令人自在愉快。

不過，老朋友雖然重要，但也不能輕忽新朋友，所謂老幹新枝，新結交的朋友可以帶來新視野，為生命之流注入新活水。

臺大傅佩榮教授曾經建議以下具體評估標準：列出最近一年裡最常來往的朋友名單前十位，然後看看這十位朋友是認識多少年的朋友。傅教授認為，以自己的年齡一半為標準，如果五十歲就是以二十五歲為界，十位中最好有二、三位超過這個年數，同時也有二、三位是最近三年認識的，其他的人數就介於這之間。

也有人以行業別來建議交朋友的種類。比如說，有人認為朋友中要有三師：律師、醫師、會計師，那麼生活上的相關問題都找得到信任的人當諮詢。孔子擇友的標準則是友直、友諒、友多聞。也有人認為以下三類朋友不能少，一是職場朋友，幫助我們的事業；二是道場朋友，幫助我們的人生；三是醫生朋友，提醒我們活出健康。

既然提到醫生朋友，除了給予我們建議與諮詢，真正在我們退休甚至老後能提供具體協助的，恐怕是年紀小我們二十歲左右的醫生，不然等我們八十歲時，我們的醫生朋友也已退休，不管是人脈、經驗或技術，恐怕也都使不上力了。

其實前面提到的各種標準，聽聽就好，我覺得在真實人生裡，退休後最棒的朋友就是相處起來很自在。所謂自在，就是你每天和他一起吃飯也不會厭煩，兩人一起相坐無言也不會尷尬。當然，能常常相處的朋友不應是整天埋怨批評的人，那種負面能量將消耗掉老年人最珍貴的活力。

當我們自己充滿熱情和正面能量地持續在社會上努力並參與公益活動時，一定會吸引到和我們擁有同樣素質的人。我總覺得，與人的相遇是一件非常美好的事，值得好好珍惜與感恩，而當我們身邊匯聚了這麼一群人可以在人生道路上同行，一起慢慢變老，更是無比幸運，能夠確定這樣的幸福，讓人安心。

你同學會了嗎？

這十多年來，一直都有機會在通過國家考試、即將正式擔任公務員之前的受訓班級裡講課，我總會在上完課後提醒這些眼睛猶會發亮的學員珍惜與自己一起受訓、一起準備考試的同學們，因為我們會在人生裡認識許多朋友，工作上也會不斷有新同事，但同學只會愈來愈少、人數只會逐漸凋零，同學關係是非常難得的。

的確，這些年來，「參加同學會」幾乎被所有已屆兒女離家的空巢期父母，或者即將退休、已經退休的樂齡族共同列為重要待辦事項。這股風潮儼然形成一門獨特的全民懷舊幸福學，同時也造就了新商機、新產業，代辦公司如雨後春筍般冒起，只要交出畢業紀念冊或同學名單，代辦公司就會幫忙尋人、代訂餐廳、主持活動、製作紀念影片與紀念品，全部一手包辦。

有人分析，這股風潮是戰後嬰兒潮世代漸漸淡出職場後，發現了友伴的重要，畢竟這些見過滄桑的中老年人雖然都在工作中認識了許多人，但工作認識的人難免摻雜各種利害關係，童年玩伴和學校同學卻是在彼此最純真時相識的，擁有許多共同的回憶。更重要的是，在老師和同學面前，人人都能放下在職場時配戴的面具，相聚時宛如被年少的靈魂附身，集體催眠般進入時光隧道，重回青春歲月。

同學會上，道貌岸然的大老闆也許會被老同學拍著肚子說：「瘦皮猴你怎麼變胖了？」威嚴的大學教授也可能被邊拍頭邊說：「大頭，最近還好嗎？」是的，小學和中學畢業典禮一別也許就是三、四十年，甚至五、六十年，大伙像是各自下山打天下的同門師兄弟，即使有人已經練成各門各派的掌門人，但在老同學眼中，看到的還是彼此的原形。

有人說，這些年舉辦同學會之所以如此興盛，必須歸功於臉書等社群網站的強大尋人功能，再加上近年世界局勢紛擾，變動不安的氣氛也容易激發懷舊之情，難免想找沒有利害關係的老同學互相取暖，同時宣洩一下職場上的壓力。

如果以更積極的角度來看，與老同學相聚回憶往事，或許可以在人生拼圖中補回失去的一塊，很多過往的記憶自己想不起來，只有透過老同學你一言我一語的笑鬧，觸動那些我們原以為想不起來或不願意去想的往事。心理學家曾經形容，同學會是「自傳模式」的場合，和家庭聚會或寫自傳一樣，提供了一個平臺，讓我們得以架構自我識別。

換句話說，老同學一方面見證了彼此的過去，也彷彿是一面鏡子，迫使我們凝視當下。而我們在邁向未來時，其實也是在奔回過去，因為唯有重新梳理過去，才能清清朗朗地往前走。

此外，重新遇到照顧過自己的師長，也是生命中的一種安慰，誠如臺大外文系教授齊邦媛老師在自傳巨著《巨流河》裡說的：「故鄉可以是一片土地，但應該是那一群人，那些在你年少時愛過你，對你有所期待的人。」

就像成語錦衣夜行的完成版，錦衣歸故鄉，錦衣是穿給這些人看的，這並不是炫耀，而是真誠地展示，還鄉是為了重新面對他們，向他們證明你已經努力達成了他們為你設下的目標，實現他們在你年少時就為你描繪的美夢。能夠重遇這些在自己年少時愛過你、對你有所期待的人，是被上天賜福的，是擁有青春原鄉的幸運者。

齊老師說得真好，但是，若是年少時的成長經驗並非那麼美好呢？那麼，勇於面對也是生命另外一種完成與圓滿。浮雲悠悠，人生不見得是公平的，對此，釋懷吧。

不過，即便我知道開同學會有這麼多好處，老實說至今我還沒參加過同學會，雖然我從中學到大學常常擔任班長或班代表。其實也沒什麼原因，大概就是太忙，又少用網路，而且我認為畢業十年、二十年的同學會，大伙還在職場，或許會互相比較，只有畢業四十年以上，大家都從職場上退休，孩子也都成家立業，一方面沒什麼好比較了，一方面也歷經人世滄桑，體會生命無常，人生觀會比較豁達，也更能珍惜彼此的緣分時，或許才是最佳相聚時刻！

是的，從明年起，我會開始參加同學會、主辦同學會，並時時提醒自己，老同學、老朋友，見一次是一次，次次都要珍惜，都要感恩！

讓我們空下時間，與老同學訂下約會，以最美麗的心情赴約。

讓自己的好朋友都能互相認識

擁有好的人際關係是一個人的幸福感最大來源，能夠帶來比金錢更大的滿足，這是許多調查與研究不約而同總結出來的結論。

所謂人際關係，在上班時，和客戶與同事的互動大概占了我們最多的精力，往往只能利用有限的下班時間與休假日與親朋好友培養感情。遺憾的是，花最多時間的同事與因為工作而往來的利害關係人，退休後幾乎統統都會消失，我們是否擁有足夠的好朋友能在生活中彼此互相扶持，共享退休後的生活，共度人生的晚年？這是要及時提醒自己的重要事項。

交朋友是要花時間的，培養相知相惜的老朋友更不容易，退休後雖然有很多時間交朋友，但那些都是新朋友，而朋友的交情，一年就是一年，老朋友終究不一樣，所以一定要想辦法把在各種場合交到的好朋友聯繫在一塊。為了把握時間並維持穩定的關係，甚至可以想辦法把所有好朋友都串連起來，我自己從很年輕時就開始主辦類似的聚會，也可以說是一種在都市叢林裡的生活實驗。

之所以會有這個想法，源自於我了解到朋友就是彼此要有互動往來。朋友和親人不一樣，家人沒空見面還是家人，血緣親情無法斷絕，但若與朋友都不往來、沒見面，那就不能稱為朋友了。久久約一次見面通常只能吃吃喝喝，會變成酒肉朋友，也不夠理想。如何創造與好朋友共同學習、一起成長，彼此分享與鼓勵的機會，是我舉辦「民生健士會」的起心動念。

一九九〇年，我已成家立業，工作穩定，因為當時住在臺北的民生社區，又是社區童軍團團長，童軍伙伴有時也會自稱為健士，因此我把這個在家裡舉辦的聚會稱為「民生健士會」。

每月固定一次的室內聚會有演講、生活心得報告、座談（或辯論）；室外活動有參觀、郊遊、旅行、露營等，其他還有音樂欣賞、詩詞朗誦、戲劇表演、讀書或電影的討論……我們也從事公益，善盡社會人的責任，但同時我們也聚餐、也飲茶品酒，懂得疼惜自己。

其實所有的活動，我們都不當成活動，而是生活的一部分。不過室內聚會還是有段落、有節奏。大致如下：

晚上六點～七點　用餐、聊天，會準備簡易的燴飯、玉米湯、甜湯或由伙伴自由提供餐點。

七點二十分～八點　以心靈之眼看大地。由兩位伙伴以幻燈片與大家分享生活上、旅遊上的心得與感想。

八點～十點　專題演講。由一位伙伴介紹他的工作與專業，比較正式。

十點～半夜　秉燭夜談。每次決定一個具爭議性的主題，大家可以相互討論、辯論。

除了定期的室內聚會，每個月還有兩次左右的戶外活動。這些聚會都算是個人的邀請，所以都不收費。

一開始我就堅決不收任何費用，原因很多。比如說，一有收費問題，勢必就得組織化，這就違背了民生健士會的前提。另外，民生健士會是半開放性組織，只要是朋友（或朋友的朋友），不管任何行業、職位高低，皆歡迎，可是萬一有別有居心的人參與其中，利用甚至破壞聚會，怎麼辦？這時若是收取了所謂的會費，不就沒轍了嗎？要是不收費的話，我大可不邀請那個人，那個人也就沒有理由出現了。

由於不收取費用，整個聚會的支出勢必不能太高，否則主辦人也會有壓力，辦不長久。一般而言，任何團體聚會花費最大的就是場地與餐飲，所以在家裡辦是最好的選擇，既能省下場地費，氣氛又溫馨。其實辦活動的地方不用太大，民生東路辦了兩年多，民權東路辦了四年，兩個地方都只是三十來坪的傳統公寓，傳統住家裝潢，照樣擠得下四、五十人熱熱鬧鬧地聊天、演講、討論。

餐點更便宜，幾十個人吃，燴飯加湯加甜點不到一千元就可以吃飽。老婆懷孕時，許多伙伴自告奮勇輪流掌廚烹調，大家就更有口福了，但一切還是以自願為原則，有誰想煮就自己買東西來煮。

戶外活動費用就更省了，伙伴有資源（別墅或度假中心）常會主動提供，若在外用餐，付帳時也是大家現場平攤、各自出錢，所以健士會出去玩，身上要帶一些零錢。

然而，設計成如此形式也經過了多年的發展和修正，相信可以符合各種個性、各種需求。

通訊的發行，同樣隨著伙伴們的成長而愈形重要。初期記錄活動狀況，大家的工作生活動態和活動預告，之後增加許多大家寫的生活所感，讓伙伴們雖然沒有碰到面，仍然知道別人在想什麼。好玩的是，我們對一個朋友的了解，即便一年半載內碰面好幾次，卻不如看他寫的一封信或一篇文章。

由於並不是寫文章投稿，而是像對老朋友聊天說心事，自然遠比碰面時的泛泛交談來得更深入。何況在現代社會的生活節奏裡，朋友之間的「高品質」聊天機會並不容易，不僅要天時、地利、人和，還要有氣氛和心情，寫信或許是高品質聊天的重要方式。

通訊的英文是 newsletter，也就是新聞信——以印刷小量發行的信件性質刊物，對象是特定的，內容是私密性的，有點像私人信函。正好，現代人不太寫信，連深入的聊天都是可遇不可求的機緣，所以才會明明每天碰到很多人、講很多話，仍然覺得很寂寞。以前我們藉由寫信傾訴真心話，因此有知音，還能順便整理自己內心的聲音。

民生健士會通訊就具備這樣的功能，讓你自在地寫信，讓許多朋友的心情可以在此交流，又不必花太多時間。

這份通訊每個月約十多頁Ａ４紙張，經過簡單排版，每頁擠得下一千五百字以上，每一期共約兩萬字，都是由診所助理打字，再用診所影印機印出來，然後自己裝訂，簡單裝封，貼郵票，寄給大家。發行份數從一百份到後來的三百份。

大家一定會好奇，為什麼這麼麻煩，在臉書開個社團不就好了？

別忘了，那是一九九〇年初，雖然已經有個人電腦，但是沒有網際網路，更不要說智慧型手機了，連行動電話也沒有。就算是傳呼機（嗶嗶扣）這種需由專人服務的聯絡工具也才當紅。

和現今即時通訊社群網站的方便相比，紙本通訊雖然原始，卻有凝聚的效果。當然，純手工製作限量發行的刊物更帶了些人情的溫暖。

我比較喜歡把這個聚會定義為「讀人、讀世界」，當然，這也是廣義的閱讀，也是閱讀的可能性之一。

我把每一次長達五個小時以上的讀書會分為三個階段，以中間的專題討論為核心，前面是小型分享，後面以主題式聊天的秉燭夜談當壓軸。

專題討論每次由一個人主講，時間一個半小時左右，再加上一個小時左右的問答與討論。主講內容以主講者自己的工作專業內容為主，因為我希望能夠了解每位朋友每天努力工作貢獻社會，究竟他的工作內容或專業是什麼？和我們有什麼關係？

專題前的分享則會有二至三位來報告，每個人約二十分鐘左右，因為有些人的工作內容或許無法以專題演講的方式分享，卻可以介紹他最近的旅行、參加的活動或課程，或是他個人的興趣或娛樂等。

最後一個段落是秉燭夜談，通常是晚上十點半以後，也就是分享與演講結束，再經過半小時茶點自由聊天後，那些沒有家累、不用趕回家照顧孩子的朋友會繼續留下來「夜談」。通常我們會訂個主題，選一位主持人來討論，主題大致是開放的，讓大家以不同的觀點爭辯或彼此激盪。

比如說，有次我們去加拿大旅行，參觀完某間博物館的特展「『禮物』——祖先留給後人的文明之禮」，我們討論的就是當我們離開世界後，希望自己留下什麼給家人、給社會，或給世界？

有次一位朋友正準備結婚，她在臺北工作，未婚夫在高雄工作，我們就討論到底是她該遷就未婚夫，還是男生應該把工作辭掉、房子賣掉，搬到臺北來？

這個讀書會凝聚了一百多個家庭的向心力，彼此成為終生相伴的好朋友，也促成了一個生態保育團體的成立（荒野保護協會）。後來隨著工作與任務及年齡的改變，沒辦法有那麼多時間與精力，就轉型成電影讀書會。如何在讀人、讀世界擴展自身視野之餘，同時結交到一群好朋友，我相信在現今這個網路與手機發達的時代裡，運用新科技與工具的輔助，產生同樣的人際連結、感受彼此真實的情感，應該是更容易的。

而我們從民生健士會到荒野保護協會，年過半百後轉型成「夏瓣生俱樂部」，期許自己能像夏天盛開的花瓣一樣，展現活潑的生命力，豐富自己也豐富別人。除了每個月定期的電影讀書會，還有不定期的「蝸行臺灣」，提醒自己像蝸牛一樣慢下腳步，一步一步踏在土地上，不再匆匆地經過身邊的風景。

與好朋友一起行走在臺灣的美麗鄉間，是身體與精神的雙重享受。流汗走路原本就是健康之道，再加上能和好友、老友對著明月山川相問候，晚上入住民宿泡茶喝酒聊天又是精神一大饗宴。

最重要的是，我們不是自己玩得開心而已，我們也「順便」做點有意義的事。通常每次出遊，會有一、二位朋友負責規劃，聯繫一個在地的公益團體，對他們表達捐款意願，並請他們向我們簡報一下目前正在做的事。（通常我們每個人每走一公里至少會捐出二十塊，一次行程走下來大概可以湊到幾萬元）。

如此一來，我們就不只是看到這些鄉鎮社區外在的表象，而是可以更深入了解在地的人文風貌和所遭遇的困境。由於在地公益團體的規模都比較小，通常資源也比較少，我們捐助的一點點款項，對他們而言或許就是一場及時雨，一個人或一個小團體默默在做的事能夠被看見時，往往也是種安慰、一種精神上的鼓舞。最重要的是，我們這群五十來歲的老朋友多少有點社會歷練或社團經驗，可以在彼此交流中給予他們一些建議。

遊山玩水當然很好，但是太輕了，應該要加入一些關懷的實際行動，增添一點意義；退休全力投入當全職志工很好，但似乎有點重，透過旅行來貢獻自己的經驗與力量，享樂中又能滿足生命意義的追求。

這些，就是我五十歲之後正在進行的生活方式，並在周邊朋友群中推動著，是輕又不會太輕、重又不會太重的生命況味。

PART 4

活得健康，活得好

我的養生與不養生

上班途中常聽的廣播節目最近不見了，原本主持人會談國際局勢，介紹藝文訊息，談談音樂，說說新出版的書、新的趨勢與觀念，簡單講，就是很符合都會上班族的脾胃，但是整個電臺隨著傳統媒體不敵數位新媒體的現實，節目大幅換血，我喜歡聽的節目都不見了，全換成保健食品的置入性節目，雖然似乎比地下電臺主持人賣藥的水準高一些，或說包裝得更科學一點，但是我完全無法接受那些以食品之名，價格卻像藥品一樣的保健產品，更受不了主持人把它們的效果說得像仙丹似的。

的確，若以是否購買或吃保健產品的角度來看，我是完全不養生的。雖然我深切了解飲食對於健康的重要，也接受華人自古以來醫食同源的說法，但是保健食品就應該是食品的價格，把食品賣成藥品就是暴利，難怪在一片蕭條聲中，唯有保健食品的銷售市場屹立不搖。

我的飲食養生之道是盡量吃真正的食物，也就是吃那些看得到原本形狀的食物，盡量不吃從工廠生產出來、完全搞不懂成分是啥的食品。若想再講究一點，那些真正的食物最好能來自無毒純淨的環境，而且吃的時候是整個一起吃。比如說，蔬果能連皮一起吃的最理想，因為外皮的營養成分很高，尤其是有很多人體所需的微量元素以及最近特別夯的植化素。又比如說，吃魚就吃整條魚，連頭連皮帶骨一起吃最理想，因為整條魚都吃下去，就代表所有生存必須的元素全部一次吃下去了。在此概念下，雞蛋也是完整的百分之百全食物，因為一顆雞蛋不用再添加任何元素就可以孵出一隻小雞，包括小雞的骨骼、內臟、血液，一個生命成長的所有要素，雞蛋全包了。

不管是雞蛋、蘿蔔或巴掌大的小魚，這些超棒的完全保健食品多麼便宜呀！若認真分析，它們的營養成分絕對比售價貴了百倍以上的「健康食品」來得豐富又重要。

除了飲食，注重養生的人還會去健身房或從事各種運動，以這一點來說，我又是屬於不養生的人了！雖然我知道運動很重要，不管是身體健康、精神抒壓或預防失智……總之，從保健到預防疾病到抗老，運動絕對是所有科學研究都一再證明絕對有效的養生之道。當然，要扣除掉運動中的意外傷害。

可是呢，我和大多數人一樣，懶得上健身房，也沒空去打球或跑馬拉松或一大早到公園練氣功，頂多是假日沒有活動或邀約行程時，和孩子去社區後山走走路，運動量其實並不夠。

由於缺乏運動，走過青壯期，真的感覺體力愈來愈差，肌肉也開始有不明的痠痛，偶爾和朋友一起爬高山，好幾次都很勉強地走完全程。

於是這些年開始，我提醒自己一定要運動，幸好最新研究顯示，能為身體帶來好處的運動量並不需要一次花很多時間或非常劇烈才算數，只要利用零散的五分鐘、十分鐘空檔做做運動，累積起來也會有效果。

運動分為三大類，第一種是瘦身恢復精神的有氧運動，比如快走、慢跑、騎單車；第二種是練肌肉的阻力型運動，比如伏地挺身、半蹲、仰臥起坐；第三種是練習柔軟度的伸展運動。

日常生活中，即便行程再緊湊，都可以擠出時間做這三類運動。比如說，去搭捷運時用健走的姿勢走路，在車廂中墊腳尖練習金雞獨立之類的伸展運動，或是邊看影片邊原地小跑步。阻力型的伏地挺身或半蹲更方便，完全沒有場地和時間限制，利用每天睡前或剛起床時，躺在床上就能做各種伸展和阻力運動。

這種融入生活中的運動，是我近幾年才開始的養生之道。至於行之較久的養生，重點大概就是規律的作息與簡單的生活。

所謂簡單生活，一來自對於外在物質欲望的降低，吃得簡單，穿得更簡單，每天穿一樣的衣服就不用浪費心神去選擇；簡單也來自於精神上的，盡量不要想太多。或許就如同宗教靈修所說的「活在當下」，想像自己是一艘大船，裡面是一格一格獨立運作可以隔絕封閉的大船艙，在處理每個工作、每個任務時，進入那格船艙，專注處理，結束後就離開船艙並關閉艙門，直到下次再進入船艙前都不再想它。簡單講，就是一次只處理一件事，處理完就放下，跳脫開來，不再讓它干擾自己。活在當下。

總之，走過青壯，愈來愈覺得養生的重要，每個人都必須找到適合自己的養生之道，然後努力實踐。這不是怕死，而是希望健康的老化，不要給家人、給社會帶來負擔。

同時，養生也不是為了延長壽命，養到嚇死人的高壽，而是要「養」出「生」命的態度，能夠細細品嘗生命的滋味，在身心靈都健全的狀態下，享受我們擁有的時光。

幾歲開始做身體健康檢查？

最近到北投健康管理醫院做了全身健康檢查。

原本我和大部分人一樣，覺得身體似乎好好的，即便有些小病小痛也一下子就好了，從來沒有自覺應該要做健康檢查。

年過五十以後，老婆每隔幾個月就催促我空下時間，拖了好幾年，三、四年前有一回連續拉肚子多天，老婆大人押著我去醫院做全身健檢，而且特別指定要做腸胃鏡檢查，幸好檢查結果一切都算正常，尤其是老婆特別擔心的大腸和直腸，檢查結果也非常完美而漂亮（這可是醫師的評語）。看來多年來我常跑廁所，每天排便都在二、三次以上，不只沒問題，還算是「排毒」狀況良好呢！

那麼，這次為什麼會去做這麼昂貴的全套檢查呢？因為《健康遠見》雜誌將做「長照」特刊，其中一篇文章將報導五十至六十歲的中年人對於健檢與長照的看法，我被選定為採訪對象，雜誌社與北投醫旅合作，讓我有了這次健檢的機會。

北投醫旅最大特色是高階的醫學影像檢查，也就是核磁共振（MRI）。我從頭到腳，除了沒有放射線顧慮的核磁共振，從超音波、驗血，乃至於局部區域的電腦斷層（這就有相當的輻射線了）都在一天之內搞定。

檢查結束後，享用完老爺飯店提供的精緻午餐，等待院長向我解釋檢查結果時，還真有點緊張。

核磁共振可以非常清楚地看透身體內每一個器官，每一條大血管，對於身體器官的初期病變是最有效的檢查工具。尤其這些年臺灣人罹患率節節攀升的肺腺癌、素有國病之稱的肝病、最險惡的胰臟癌，往往一有症狀就是末期，這些不太說話的器官都是全身健檢的重點。

心情七上八下地在電腦螢幕裡從頭到腳看著自己的內臟寫真圖，結果我擔心的都沒什麼問題，反倒是我不覺得有問題的，從一般驗血與基礎檢查就可以發現的血壓、血糖和血脂都超過標準。雖然超過不多，但仍然算是進入了中年

「三高」族群，連帶著大腦的核磁共振也看到了幾顆小白點。雖然醫師安慰我，三高族群有一半的人會出現這種現象（即便血壓、血脂、血糖都正常，但中年過後也有十分之一），也就是局部的小小出血或小堵塞。

哇！我居然有三高？

這可嚇了我一跳，因為至今我的ＢＭＩ（身體質量指數）都很標準，正常是十八到二十三，二十五以上才算進入肥胖警戒地帶，而多年來我都保持在二十到二十一左右，這麼標準，怎麼會有三高？

其實我早該知道的，因為五十歲之後我仍然對飲食沒有節制，喜歡吃的東西不是全部吃光光，就是放膽吃到吃不下為止（通常是吃光光的情況比較多，怎麼可能會讓它剩下呢！）特別是從小喜歡吃甜食，只要看到甜的點心就完全失控。有如此習慣怎麼不發胖？原來是我太懶，不會花時間自己去買東西，只吃伸手牌或是親朋好友送的排隊店點心。

檢查完，老婆大人馬上買了一臺血糖機，開始幫我驗血糖，我也正式進入「有意識」的健康生活形態，除了注意飲食，也開始運動。

多年來朋友都說我身材沒變，其實仔細瞧就會發現，小腹還是慢慢凸起來了。雖然大家以為我常跑戶外，但那是去「參加活動」，並不是去「運動」。這輩子至今，基本上除了正常的走路之外，我沒有做任何運動，不像朋友會固定上健身房或騎腳踏車，跑步或游泳……

健檢以後，也給了我改變生活的動力！

有人說，減肥最有效的方式就是每天（或每餐後）量體重。第二有效的方法是，假如你生活周遭的好朋友全都是瘦子的話，你也很容易變瘦。我想箇中原因就像健檢一樣，本身對身體的健康改善沒有直接幫助，卻會影響我們生活中每一個時刻的選擇。

後來雜誌記者來採訪時問了我許多問題，其中最簡單的一題是：你認為幾歲應該開始做全身健康檢查？

我的答案是五十歲以後，不見得每年都做一樣的項目，倒是可以每二、三年除了一般性檢查，每次選擇不同的方式，檢查不同器官與部位。

至於五十歲以前，若是因為生活習慣或生活環境而屬於高危險族群，則應該針對特定器官做篩檢。比如說，三餐都外食的人，是否應該考慮做大腸和直腸的檢查？住在空氣汙染嚴重的城市，再加上工作環境的粉塵很多，也許應該考慮肺部的檢查……諸如此類，畢竟要是我們所處的環境愈來愈不健康，身體也會愈來愈不健康。麻煩的是，醫療科技的進步又可以讓我們死不了。身體不健康，處在病痛折磨中，好不了又死不掉，這大概是現代人最大的夢魇吧。

為什麼年輕時要做高危險族群的篩檢？年紀大了要做全身各個器官的健檢？無非是為了及早發現，及早治療。除了能夠確保生命品質，也可以避免拖累家人，更能減輕國家的醫療與財政負擔。尤其是因為器官病變而導致的慢性病或癌症，若能及早發現、及早控制，那絕對是個人、家庭與社會的三贏。

什麼時候睡，比睡多久重要

五十歲以後改變最明顯的生活習慣就是睡覺時間。

從國中之後有將近四十年的歲月，每天晚上一定要到半夜一點左右才甘願上床，然後大約在七點鐘左右起床。

過了壯年期，身體出現許多小小的訊息，提醒自己應該更注意健康。第一個改變就是每晚盡量在十一點以前睡，並改在清晨五點左右起床，長度一樣是六個小時上下。

中醫很早就有氣血循環會在不同時辰運行到不同器官的說法，主張晚上十一點以前就應睡覺。我當然很早就知道這個理論，卻總是覺得這種說法未免太玄了，並沒有認真看待。近年看了許多西醫的研究，發現調控各種生理機能的內分泌，會隨著一天二十四小時不同的時間而改變，幾種與器官、細胞甚至大腦神經修復有關的荷爾蒙，都是在晚上十一點到半夜二、三點之間的就寢狀態才能分泌。換句話說，這個時間醒著，其實是喪失了調養身體的機會。

因為從不同期刊、不同研究都看到類似的結論，而且每一個研究都很嚴謹，有數據、有作用機轉，不由得我不信，這也是當我開始思考「養生」這件事時，最優先選擇早睡的原因。畢竟這是耗費成本最低的選項，不用花錢購買健康食品或麻煩地報名健身俱樂部，只要早點睡覺、早點起床，睡眠長度依舊，也不需要多耗費時間躺在床上，那麼方便又好處多多，怎能錯過？

真想不到，中醫數千年來所說的依時辰氣血運行的古老理論，就是二〇一七年諾貝爾生理暨醫學獎的得獎項目。三位得獎人發現了人的生理時鐘來自於細胞裡的一組「計時基因」，每個細胞透過分泌某種蛋白質，經過二十四個小時蛋白質被分解，再次啟動新的循環，以此產生計時的效果。

這種內建的計時器從昆蟲到哺乳動物，甚至連植物都有，是生物在地球上不斷演化，配合地球二十四小時自轉一次、白天黑夜交替的節奏而形成的。我們的體溫、血壓、內分泌的濃度等各種生理現象，幾乎都與大自然的晝夜同步，一旦外在環境和原本的生理節奏有所差異，體內的生理時鐘自然必須跟著重新設定，這也是我們搭飛機跨越換日線到另一個國家時需要調整時差的原因，有些人甚至會好幾天都頭昏腦脹、身體不適。

研究發現，如果我們沒有根據外在環境來過生活，也就是晚上不睡覺、白天卻埋在被窩裡，搞亂了細胞裡的計時器，將引發各個器官與組織的連鎖反應。比如會使脂肪細胞失去節制，愈長愈肥，代謝後的有毒廢棄物堆積在器官甚至大腦裡，無法排出……這也是我們常說的，作息要是不正常，免疫力就會下降，身體各個器官也會一個接一個出狀況。

我知道有些朋友會說，晚上十點、十一點精神正好，怎麼可能睡得著。有的人嘗試早睡，卻躺在床上翻來覆去，無法入眠，而無法讓我們回應大自然節奏的罪魁禍首正是手機、電腦、電視和日光燈這些富含藍光的照明燈具。

自古以來，人類原本只有白天在太陽底下，眼睛才吸收得到藍光，日落時轉為紅光，晚上的燭光也是紅光，即便一百多年前愛迪生發明了燈泡，也是以紅光為主的暖色系，直到日光燈發明以後，人類才開始在晚上接觸藍光。

但是，晚上真正大量暴露在藍光中，還是電腦和手機進入我們的生活之後。研究證明，人的眼睛暴露在藍光下時，大腦的褪黑激素分泌會下降，腎上腺素提高，身體也會感覺饑餓。原本在晚上由於藍光消失，褪黑激素會開始分泌，因此我們會想睡覺，同時也不會想吃東西，大腦是利用太陽白晝的藍光來調整生理時鐘的節律。

可是現在呢，卻被３Ｃ產品搞得大亂。有研究發現，一個人如果睡前看平板電腦，當晚的褪黑激素分泌量將減少一半以上，不只影響睡眠品質，甚至導致失眠。

美國醫學會最近也發出警告，若是長期暴露在ＬＥＤ燈（手機、電腦）之下，將引起許多慢性疾病，比如代謝症候群、心血管疾病、糖尿病、癌症，乃至於憂鬱症，而這些全都和破壞了生理節奏有關係。

雖然全球化時代世界運轉的速度愈來愈快，二十四小時全年無休，但我們這個來自石器時代的身體，最好還是遵循大自然的節奏。假如工作中脫離不了３Ｃ產品，白天就多多接觸自然的陽光，晚上再把室內燈調為暖色系，睡前兩小時也盡量不要使用３Ｃ產品，減少藍光的刺激。

如果真的因為工作的關係，周一至周五晚上就是得加班，或是利用電腦和手機處理公私事務，那麼就在周末時回到原始大自然的環境裡，讓大腦在這兩天之中感受到亙古以來的日出日落節奏，據研究，這樣對未來五天的規律生活也有所幫助。

總之，養生第一步就是遵循老祖宗的明訓，跟著節氣時辰過日子。

關於跑步，你還在等什麼？

兩位朋友的身材改變了！這大大刺激了我們這群歐巴桑和歐吉桑。一位是認識二十多年的老朋友，打從認識以來，他就屬於略胖、有點腰圍的身材，想不到這二、三年他自行創業比較忙，沒碰到面，日前再遇到嚇了大家一跳，身材精壯如小伙子不打緊，居然還出了一本減肥的書。他善加利用科學儀器監測自己的身體數據，再佐以飲食控制與運動。

另一位認識四、五年，雖然體力不錯，大伙兒登山健行時他總是一馬當先，但是身材同樣屬於略為發福的模樣。想不到相隔二、三個月沒見，他整個肚子都不見了，而且居然只用了一招就恢復身材——每天晚上邊看電視邊原地跑步。

在這兩位好友的啟發下，讓我這個總是以「沒時間」當藉口的懶人，下定決心結合兩家之長：買體重計和體脂計，再用碼表及筆記記錄每天的運動量，然後抽空檔原地跑步，同時邊跑邊伸展自己的雙臂，不管是前後擺，往上伸展或一邊擴胸，總之就是同一時間內做兩種類型的運動。

這種原地小跑步非常方便，不必找場地，不必裝備（穿鞋或赤腳皆可），隨時隨地都可以進行，二、三分鐘也好，三、四十分鐘更棒，總之只要願意隨手登錄時間，每天跑步的總量就不會太少。

從演化來講，人類的身體結構可以算是所有動物中最適合長途奔跑的，雖然有許多動物跑得比人類快，持續力卻比人類差。若在一望無際的草原舉辦馬拉松比賽，除了人類，所有動物都會倒斃而亡，因為牠們沒辦法連續跑十個小時以上。據說現在非洲還有些原住民會徒手追趕羚羊，跑到羚羊因為無法排汗體溫上升而倒斃，再輕鬆扛回部落大打牙祭。

有學者研究指出，人體的結構為了適應長跑，演化出種種獨門武器。首先，從頭部到頸部有一條韌帶，能在跑步時讓頭來回擺動平衡，再加上臂部的穩定，足以讓身體保持流線省力的順暢。我們的嘴巴則能吸入大量的空氣，全身的汗腺更是一流的體溫調節器，許多動物都缺乏這種流汗功能。更重要的是，人類的大腦會給予持續跑步狀態一種美妙絕倫的獎賞，有個名詞叫做「跑步者的愉悅感」，指的就是當我們跑到筋疲力竭、體力似乎即將耗盡時，大腦會適時分泌大量的腦內啡，這是一種類似嗎啡的興奮劑，讓人的情緒高亢，原本的肌肉痠痛和似乎即將虛脫的感覺就此一掃而空，得以繼續往前奔跑。幾十萬年前的人類就是靠著跑步才免於挨餓，順利存活下來。

許多跑馬拉松的朋友都說，跑馬拉松會上癮，指的大概就是「跑步者的愉悅感」太吸引人了。當然，關於跑步，日本著名作家村上春樹已寫過太多文章，對於一個用腦過量的作家來講，跑步確實可以鍛鍊寫稿需要的體力，也能抒解用腦過度或情緒壓力形成的「虛脫感」。

也有朋友感性地表示，人生有太多不確定的狀態，因此必須在許多不確定之中尋找確定，而唯一可以確定的就是跑步。因為在跑步時，用的完全是自己的力量，是自己可以掌控的。

這種說法蠻有趣的，也的確是人在不確定時代中的自我求生之道。許多動物實驗與人類社會學研究都顯示，由「不確定性」引發的困惑與精神壓力足以把人逼瘋。比如不斷被引用的「巴甫洛夫制約反應」——狗一聽到鈴聲就會分泌唾液——我們往往只注意到動物會被環境刺激所影響，卻沒看到相關的另一面：一旦鈴聲與食物出現的關係變得不確定時，狗就精神錯亂了。

面對似乎有規則，卻又常有例外的不確定狀況，連狗都會發瘋，更何況是人呢？

不管從生理或精神健康而言，我們都必須找到方法舒緩「不確定」帶來的壓力，這是每個現代人共同面對的課題。

這幾個月來，我在家裡或辦公室裡原地跑步，我沒有用跑步機，也不是在路上跑。有研究指出，在道路上跑步比在跑步機上容易受傷，小腿脛骨也容易疲勞與緊張，再加上地面狀況不一致，容易扭傷、跌倒，甚至骨折。

我知道有許多朋友買了跑步機，但也有很多人一曝十寒。我從來不會想買這類運動器材，因為太占地方了，儀器又要特別去操作調整，實在太麻煩，所以我選擇老祖宗的方法，站起來就跑，不用任何準備與裝備。

我的原地跑步仿效那位成功瘦身的朋友，跑的幅度非常小，因此幾乎可以說受傷風險為零，畢竟有許多人在路跑時，往往因為沒做好熱身而造成肌肉扭傷。以前也有很多人會在運動前，以伸展運動當作熱身，但現在諸多研究都證明，沒有暖身就做肌肉伸展，反而會對肌肉細胞間的結構造成破壞，更容易受傷。

安全的熱身是溫和地動一動身體各部位，或是輕輕鬆鬆地慢跑，或是像我這樣輕輕地原地跑步，都很理想。

總之，原地跑步讓我進入運動人生。

原來核心肌群那麼重要

最近朋友聊天最夯的名詞是核心肌群。

周邊的朋友們都已逐漸進入中年，除了頭髮花白，最明顯的就是男生凸出的小腹與女生像梨子般的臀部。由於大家相約「蝸行臺灣」以及走遍世上的自然遺產，體力儲備當然很重要，因此平常見面就會交換健康資訊，檢視彼此的身材，互相激勵一番。然而，能夠下定決心跑馬拉松或參加鐵人三項的畢竟是少數，因此有人開始上健身房，聘請健身教練指導與練習。

至於像我這種知道運動很重要，但是沒有足夠的勇氣、也沒有恆心，或者藉口一大堆的人，什麼沒時間、沒有伴……我們約好了一起到接受過多位健身教練指導的好友家裡練習，開始進行「不用上健身房也能練出好身材」的集訓。

就是在這樣的氛圍下，核心肌群成為老友聚會時最夯的專有名詞。

所謂的核心肌群，指的是臀部髖關節以上、胸部橫膈膜以下的肌肉群，包括了脊椎和骨盆腔附近的肌肉。當我們想做任何大一點的動作時，比如站起、坐下、走路、彎腰……都是由核心肌群負責啟動。擁有強壯的核心肌群可以保護脊椎，在身體彎曲扭動時支撐住脊椎，讓動作更順暢。若是核心肌群力量不夠，沒辦法拉住脊椎，椎間盤承受的壓力太大，很可能就會造成椎間盤凸出，也就是俗話說的骨刺。

訓練核心肌群有助於改善體態。比如年紀大的人常常彎腰駝背，很可能就是因為背肌無力，拉不直身體，他們也很容易一搬重物就閃到腰，或是常常覺得腰痠背痛，甚至起床都有困難。

核心肌群的訓練除了肌肉的伸展，肌肉的重量訓練也很重要，這和我們慣常的跑步、游泳這類有氧運動不太一樣。首先讓我最覺得不可思議的是，動作必須放慢，有點像瑜伽，也有點像太極拳，動作很慢，似乎沒有出到什麼力，卻能把你搞得滿身大汗。

記得第一次看見好朋友小琪老師示範「棒式」時，也就是雙肘貼在地上撐住身體，腳尖踮著，背打直，就這樣撐著，我笑說這哪叫運動啊，姿勢類似但是必須上下動的伏地挺身才算是訓練吧？

笑完馬上被拱上場，照著小琪老師的示範動作依樣畫葫蘆。哪知道如此平淡無奇的「棒式」做不到三十秒，腹背的肌肉已經痠得不得了。

核心肌群的訓練是眾多身體訓練的一環，肌肉的重量訓練近年之所以會被重新關注，不再專屬於專業運動員，原因在於隨著年齡愈長，肌肉量將不斷流失，形成日常生活的不方便與意外，也間接造成許多疾病。舉例來說，肌肉量減少會降低人體的基礎代謝率，飲食的熱量更容易累積並導致肥胖。

也有研究發現，進行肌肉訓練時，乳酸濃度會上升，能夠刺激身體分泌生長激素，生長激素專門負責合成肌肉與分解脂肪，對於抵抗老化和對皮膚的光澤都很有貢獻。

不過，一個人在家做肌肉訓練確實蠻無聊的，這時如果能有朋友一起嘻嘻哈哈，互相漏氣、互相勉勵，自然比較能夠持續下去。另一個妙方是做紀錄，這星期可以撐三十秒，下星期就往四十秒邁進，若能逐日逐次將訓練結果記錄下來，也是很好的激勵方法，完全符合大腦在演化過程中發展出來的酬賞機制，只要有明確的「回饋」（數字的變化，電玩遊戲裡的閃燈、音效或過關設計），大腦就會分泌令我們感覺幸福的激素，激勵我們繼續下去。

這種紀錄的妙用套用在任何領域都適合，難怪有人說，減肥最好的方法就是每餐飯後都量一次體重！

歷久不衰的健走風潮

二、三十年前欣賞愛情喜劇電影《當哈利遇到莎莉》時，看到哈利與莎莉兩位主角一邊爭辯著兩人的關係是友誼還是愛情，一邊擺動著雙臂快步穿越中央公園，當時我很納悶他們怪異的行走姿勢。前些日子在年輕朋友家瞥見他們正在看影集《慾望城市》，米蘭達和凱莉兩個人在中央公園一邊聊著八卦，一邊以相同的姿勢快步走著，但我已經知道他們在幹嘛了。

原來，「健走」熱潮數十年不衰！

健走是一種比散步快，比慢跑慢，但又可以達到足夠運動量的運動。健走的時候不必穿戴特殊裝備，也不用前往特定地點，方便有效又安全，難怪深受忙碌又渴望雕塑美好身材的都會上班族青睞。這些年因為健身熱潮的興起，這種任何年齡都適合的運動，也引起了很多歐巴桑和歐吉桑的效法。

的確，有些平常很少運動的人看到朋友都在跑馬拉松、參加三鐵，深受刺激，買了裝備就打算上路，結果不是膝蓋或肌腱受傷，就是椎間盤受到跑步的震動壓力，搞得腰痠背痛，更慘的是沒注意到平常已有高血壓或高血糖的問題，一跑步就血壓上升，反而導致心血管病變，惹出一堆運動傷害。

正因如此，健走成為缺少運動的中壯年人士的運動選項，尤其老化往往從雙腿開始，人體的肌肉有三分之二集中在下半身，若能透過健走鍛鍊雙腿，等於是預防肌少症，防止老化。

健走的要領除了步伐，就是手臂的擺動。

手肘要彎曲成九十度，這樣可以加快手臂的擺動速度，間接使腳步也能加快。手臂向前擺時，拳頭不要高過肩膀；向後擺時，拳頭約在腰部位置。走的時候要注意維持身體上半身的挺直，不要因為速度加快而往前傾，變成腰部以上往前彎曲的姿勢。最好能夠同時縮小腹、挺胸，順便鍛鍊胸腹部的核心肌群。

至於下半身的雙腿動作，應該盡可能跨大步且速度敏捷，踏出去時，腳跟著地，腳尖上勾，將身體重量放在踏出的前腳，然後感覺上似乎用腳尖將腳蹬離地面，往前移動。

雖然健走不需特別挑場地，可以利用上下班通勤時間，以健走的姿勢走路，但是因為健走的速度比一般走路或散步快很多，在人潮擁擠或車流量大的馬路上還是有些危險，因此要盡量挑人少的小路或人行道，或是繞點路穿越公園。我知道有些朋友碰到下雨天或大太陽，會改去大型購物商場或百貨公司的寬闊走廊健走，安全又舒適。

當然，有更多朋友會去風景優美的公園健走，以欣賞風景來增加健走的樂趣。也可以不時更換路線，或是用計步器和碼錶來激勵自己。

常常有朋友覺得運動雖然很重要，卻總抽不出時間，或是三天打魚二天晒網，很難持續下去，那麼結合上下班的路程，提早一站下車或走一站路才搭車，同時找一條即便繞點路但卻適合行走的人行道，這樣就可以開始健走，並且無痛苦持續下去了！

抗糖化就是抗老化

自從健康檢查時發現自己的血糖居然已經超過標準，驚嚇之餘，除了開始注意吃甜食的頻率與數量，也注意起各種飲食保健相關訊息。

我發現，不管臺灣或世界各國都有很多攝取太多糖類會危害健康的報導，大概是現今的外食習慣有太多飲料與甜點，糖尿病、高血壓與各種慢性病已經對所有人都造成了嚴重的威脅。

本來我對於報導中提及，高血糖會讓體質酸化，造成細胞衰老，器官組織會僵硬，心臟血管無法保持彈性來正常運作，因此會逐漸產生各種慢性病等說明，只當作某種「形容詞」，只是「文宣」式的「恐嚇」，雖然我確實知道吃太多糖會形成胰島素的阻抗，也就是喪失功能，因而造成糖尿病，然後糖尿病會使得身體各器官神經末梢血管產生病變，但我並沒有特別思考高血糖的致病機轉。

最近看了些談論「糖化蛋白」的文章，我終於恍然大悟，了解為什麼「糖化」現象是近年抗老研究領域最夯的主題。

所謂「糖化」，就是體內多餘的糖和蛋白質結合後，使蛋白質變質，產生了AGE（Advanced Glycation End product，最終糖化蛋白）現象。這種變質的蛋白和組成人體結構的正常蛋白不一樣，它比較脆弱，還會引起周邊細胞的發炎。

通常情況下，我們吃進去的食物若含有醣類（包括直接吸收的單醣，以及雙醣和澱粉類的多醣），在小腸裡被消化酵素分解成葡萄糖（單醣）後，就會被送入血液裡。而血液裡的葡萄糖一旦增加，胰臟就會分泌胰島素。胰島素的作用是將這些葡萄糖送進細胞裡，做為細胞生長運作所需的能量來源。

正因為胰島素會把葡萄糖送入細胞，所以血液中的葡萄糖數量會降下來，血糖值就能保持穩定。如果血糖裡的葡萄糖在瞬間急遽增加，多到胰島素來不及分泌，或多到胰島素處理不來時，血液中的葡萄糖數量降不下來，血糖值自然就高了。

葡萄糖除了被送入細胞裡做為運作能量，多餘的還會轉變成「肝糖」，儲存在肝臟或肌肉中，但是這些地方的儲存總量有其限度，超出的葡萄糖就會再轉存成脂肪，累積起來，這也就是讓我們變胖的體脂肪。換言之，體脂肪是人體吸收進來的葡萄糖總量因為超過了當下細胞的需求量與體內可以儲存的量，最終的能量儲存形態。

不管是肝糖或脂肪，都是醣類透過胰島素處理的產物，而那些胰島素來不及處理、仍然留在血液裡的葡萄糖，就會和血液中的蛋白質結合，產生AGE，也就是糖化蛋白質，在全身各處作怪。

我們都知道，人體所有組織不管是細胞、肌肉、血管、皮膚、結締組織、骨頭、軟骨……全部都需要蛋白質的參與才能組成，要是這些構成身體基本素材的蛋白質都被糖化蛋白質取代了，會發生什麼事？

一旦糖化蛋白質增加，蛋白質內重要的膠原組織互相連結的構造就會產生變異，無法達到原來的功能。比如說，糖化蛋白質跑到肌膚的細胞內，真皮層裡的膠原蛋白和彈力蛋白就會失去彈性，肌膚將變得鬆弛、產生皺紋，也就是老化。

若是糖化蛋白質跑入血管壁，血管就會失去彈性，變得脆弱，也就是我們說的動脈硬化。若是跑入骨頭，骨質就會變差、變脆弱。若跑到眼球的水晶體，因為構成水晶體的也是蛋白質，稱為晶體蛋白，若是裡頭增加了糖化蛋白質，會造成水晶體混濁，也就是俗稱的白內障。至於其他如腎臟或其他末梢血管遭受糖化蛋白質的影響更快、更大，這也是糖尿病初期沒有症狀，很多人都不知道隨口喝下的飲料或甜點已經在不斷傷害這些組織的原因。從來不量測血糖的人，往往是在腎臟、眼睛、其他帶有末梢血管的組織或器官出問題時，才知道自己有糖尿病。

最近也有研究發現，阿茲海默症（失智症）的罪魁禍首是腦內的「乙型類澱粉」蛋白，而能夠分解並除去「乙型類澱粉蛋白」的酵素，也就是負責分解胰島素的酵素。一旦我們吃進大量醣類，為了移除血液裡的糖，身體會分泌大量的胰島素，最後為了要代謝掉這些胰島素，分解酵素就會擱下分解「乙型類澱粉蛋白」的工作，久而久之，將造成這種變異蛋白在腦內過度堆積，導致阿茲海默症。也有研究指出，阿茲海默症患者的大腦裡會檢驗出大量的糖化蛋白質。

年輕時暴飲暴食，導致體內的血糖快速升高，初期還能頻繁且大量地分泌胰島素，但長期如此不正常地折磨胰臟，會讓胰臟分泌胰島素的功能變差，最後造成血糖值沒有辦法下降，稱為胰島素抗阻，也會引起糖尿病。一旦胰臟受損，只能嚴格地控制醣類的進食，或從體外施打胰島素。

總之，瞬間吃進大量的醣類會讓血糖變高，不管是產生糖化蛋白質或形成胰島素阻抗，都是非常嚴重的事，那麼該如何進食、如何選擇食物，才不會有高血糖呢？我們下回分解。

避免瞬間高血糖的方法

高血糖有兩種，一種是暴飲暴食吃下大量食物、猛喝含糖飲料，或是吃下太多好吃的甜點，這時血液裡的血糖會瞬間飆高；一種是已有糖尿病卻不自知，血液裡長期有超過標準數值的血糖。

第一種情況常發生在年輕人身上，仗著年輕，器官還堪得住折磨，即便經常性大吃大喝，或在趕報告時不知不覺把手邊含有高糖分的零嘴吃個精光。如此情況下，血液裡的血糖濃度自然瞬間飆高，雖然胰島素尚能發揮作用，因此在例行身體檢查時往往看不出異狀。但正是如此，自己不會覺得這種生活習慣有什麼問題，可是若以糖化蛋白現象（AGE）來看，這種因為瞬間高血糖而產生的糖化蛋白將對全身器官造成何等影響，那就非常恐怖了。

對於非常喜歡吃甜點的我來說，這無疑是最大的提醒（比如說，我以前會把別人訂婚送的傳統喜餅，那種又大又圓、包著豬油和豬肉內餡的超甜喜餅一下子就吃掉一大半）。我必須克制自己，不是殘忍地都不再吃，而是減少吃的分量，或是與家人朋友同事分食。

若是希望能在長期的飲食習慣中達成抗醣目的，首先必須知道日常飲食當中哪些含有高糖分，尤其是各種食物的升糖指數。

如果是包裝飲料或食品，依照規定必須在外包裝上標明各種成分，至於其他現場烹調的外食，比如夜市、餐廳或自己買回家煮的食材，也要多多了解它們的組成成分和升糖指數，不管是網站或書裡都有很多相關訊息，只要稍微留意一下，很快就能具備這方面的常識。

升糖指數倒是我們比較容易忽略的，因為即便含有同樣的糖分，只要升糖指數不同，對瞬間血糖值就會造成很大的差別。

所謂的升糖指數（GI值）就是食物吃進肚子之後，血糖值上升速度的量化數值。GI值低，吃下肚後血糖值上升速度和緩；GI值高，吃了以後血糖值上升速度很快。

升糖指數高的食物有：各種含單醣的甜點、牛奶糖、白吐司、白米飯、玉米片、麻糬、馬鈴薯，或是很甜的西瓜等水果。升糖指數較低的食物包括了優格和牛奶等乳製品，以及豆漿、番薯、芋頭、腰果、大豆、花生、各種蔬菜、水果中的梨子、蘋果、藍莓、黑棗、香蕉、李子、橘子、奇異果、葡萄等，都是比較理想的低ＧＩ值食物。

知道各種食材的升糖指數後，我們就能從升糖指數低的食物開始吃起了。無怪乎有人說，日式餐宴的用餐順序最健康，尤其是懷石料理。首先喝點綠茶、烏龍茶（有實驗證明，茶具有抑制糖化蛋白質產生的作用），然後懷石料理會先上納豆等醃製品與蔬菜，然後是主食（通常是魚肉），再來是超級健康的味噌湯，最後才端上高升糖指數的白米飯。

除了了解進食順序，進食速度也相當關鍵，最好細嚼慢嚥。某位權威醫師曾經建議，假如每口飯都咀嚼六十下再吞下肚，就能擁有不會生病的體質。說實話，正常人（或平常人）應該沒有人可以徹底做到咀嚼六十下，我相信咀嚼十幾下、二十下就很不容易了，但假如用餐時間允許，還是盡量提醒自己多嚼幾口吧！

血糖值上升的最高峰是在用餐一個小時之後，因此有專家建議，若想積極預防糖化現象的發生，應該在這個時間點稍微活動一下，消耗體內的糖，尤其是肌肉裡的肝醣，只要透過輕鬆又簡單的伸展運動，比如半蹲、拉拉筋、抬腳伸腳也就夠了。

總而言之，抗糖化，就是避免長期高血糖引起糖尿病或瞬間高血糖產生的糖化蛋白質造成器官的老化。而想避免高血糖，最終極的原則就是少吃一點，尤其是少吃高升糖指數的食物。其實至今各國所有的抗老化相關研究中，唯一獲得一致性同意，也幾乎是唯一真正證明能抗老、延長壽命的方法，就是飲食能量的限制，吃得愈少，活得愈久，這似乎也符合了華人自古以來民間流傳的說法——每個人的祿份是有限的，大吃大喝太快，耗掉你天生該有的米糧數量（亦即所謂的俸祿），就會提早向人世間說「拜拜」囉！

你排毒了嗎？

身邊一些關心養生的朋友最近不約而同開始聊起排毒這件事。有的人會偶爾斷食一下，有的人會準備排毒餐，更激進的人因為認為身體裡不斷接觸到過多的毒物，統統累積在體內，久了將損害身體健康，甚至想嘗試清腸！而那些已經採取不同方式進行排毒的朋友，都認為自己更有活力，身體瘦了下來，甚至皮膚更光滑。

排毒真的有這種神效嗎？我們需不需要刻意去排毒？

美國南加州大學的研究人員針對排毒這件事做了研究，結論是，坊間各種排毒方式，其實比不上身體天生具有的排毒功能。人體透過肝、腎、皮膚、肺等各處器官，不斷地過濾、分解與去除被吸收進來的有毒化合物和廢物，人體無法吸收的，則直接從大腸排掉。

換句話說，只要維持正常的均衡飲食和生活方式，我們體內的排毒系統能夠正常運作，不需要藉助外力就能做好排毒。

至於那些力行排毒飲食的人，言之鑿鑿，認為排毒帶來很大的身體改變，研究人員的看法是，因為排毒飲食會讓他們吃得比較少、水喝得比較多，同時吃下較多含抗氧化物的蔬菜和水果，以及較少喝酒或其他刺激性飲料⋯⋯簡單講，健康好轉並不是身體排掉了過量的毒素，而是改變了過去不好的飲食與生活習慣。研究人員還特別提醒，許多排毒飲食主張不吃肉類，這往往會導致體內的蛋白質過少，但是身體最重要的解毒器官肝臟，必須在高蛋白的飲食下才能較為有效地分解和去除毒素。

所以，究竟該不該排毒？

我認為首先要盡量少吃含有毒素的物質，包括某些食物裡可能殘存過量的農藥，或是各種人工合成的添加物，尤其是透過食物鏈累積在動物體內的化合物與重金屬。

再來是讓我們體內的天然排毒器官保持健康，透過建立好的生活習慣讓它們都能發揮作用。比如說，皮膚的流汗也是排除身體廢物的管道之一，但是現代人整天待在冷氣房裡，排汗量不足，自然無法充分發揮排毒功能。

過去，我們身體裡的毒素大多是吃進去的，但近年來最致命的毒素並不是吃進去的，而是在我們無時無刻、不得不的呼吸之中，經由鼻子進入體內。沒錯，我說的就是空氣中的有毒化合物與懸浮微粒，也就是大家耳熟能詳的PM2.5。PM2.5除了會引起肺癌，也和心血管疾病與其他呼吸系統疾病息息相關，還有研究發現，PM2.5甚至也會造成早產、老年痴呆與腦癌等病變。

光是二〇一六年，臺灣就有將近一萬人因肺癌過世。

衛福部公布的二〇一六年臺灣十大死因裡，第一名仍是癌症，而在眾多不同的癌症中，肺癌已經連續七年居冠，幾乎可以斷言這個冠軍頭銜還會繼續保持下去，原因正在於臺灣的空氣汙染恐怕無法在短期內獲得改善。

肺癌為什麼這麼令人關注？除了這些年罹患率節節攀升，更因為肺癌很難早期發現，往往一有症狀就是末期，幾乎沒有辦法治療。近年有不少名人，包括不菸不酒、生活規律的宗教大師們也罹患肺癌，更讓人懷疑臺灣不斷惡化的空氣品質，真真切切地對許多敏感體質的人帶來了致癌風險。

從二〇一六年底開始實施的空氣品質指標每日公告，自有統計以來，南部有九五%的日子都是空氣不良，另外五%是普通，一整年沒有幾天是良好的。中部稍微好一點，但也有將近一半的日子處於空氣不良。

空氣汙染的來源很多，除了最大宗、幾乎算是罪魁禍首的燃煤發電與工廠之外，汽機車排放的廢氣也是重要來源，甚至燃燒垃圾，拜拜燒香，都是共犯。二〇一七年二月中南部舉行了反空汙大遊行，爭取呼吸平權，控訴汙染的工廠、發電廠都在中南部，使得中南部的天空總是灰濛濛的。沒錯，乾淨的空氣應該是基本人權。

一份聯合國的研究報告指出，全世界的長壽村最主要的共同點都是「環境空汙少」，居住在空氣乾淨的地方比較有機會長壽。我們不一定追求長壽，但我們都盼望活得健健康康，至少不應該因為排放汙染的工廠而生病，增加家庭負擔與社會成本。

因此，若想關心身體健康，我們勢必要從關心居住環境的整體健康著手。我們無所逃於天地之間，無法自外於環境啊！

小心又香又好吃的鹽酥雞

二〇一七年世界大學運動會在臺北舉行，兩萬多名世界各地選手在十多天賽程中的吃吃喝喝是門大學問。在數百種菜色中，不意外，最受歡迎的是鹽酥雞，每天吃掉好幾百公斤。

我相信這世上很難有人抗拒得了剛剛起鍋、炸得香噴酥脆的鹽酥雞。鹽酥雞單聞味道就令人受不了，偶爾碰到有人拎一袋密封在塑膠袋中的鹽酥雞搭捷運，那種獨特的香味馬上就充斥整個車廂。

雖然負責世大運餐飲的澳洲公司表示盡量少油少鈉，但「盡量少」是相對於夜市裡的鹽酥雞，其實不管怎麼減量，相比於人體的油鹽需求量還是太高了。

除了油鹽含量，味道那麼香，肯定添加了某些調味料。那些化學添加物的超級力量對於上了一天班累得已經毫無意志力的臺灣人來講，誰拒絕得了呢？

現在的化學合成技術實在非常厲害，簡直化腐朽為神奇。有人就如此形容，有了調味料與化工原料，現今的廚師已經變成魔術師，料理家變成了化學家。而且，除了引誘我們天生的食欲而加入的高糖、高鹽、高油脂，許多添加物都是為了食物的長期保存，或是為了方便塑形以運送或販賣。比如說，正常的水果擺幾天應該會腐爛，遠從國外運來的蘋果等進口水果卻可以擺上好幾個月絲毫沒有變化，連昆蟲、細菌都不吃，可見早已被浸泡成金鋼不壞之身。

儘管添加入食品裡的化學合成物是合法且無害的，不過因為我們吃下的東西幾乎都含有各式各樣的添加物，個別含量雖然不多，也都在容許範圍內，但若是一天三餐吃的東西裡剛好都有，加總起來也許就超過標準了。更何況各種不同添加物彼此會不會產生交互作用，似乎也沒有太多的研究來提醒我們。我認為這幾十年來因為化學工業技術的進步，我們從吃的、穿的、用的，無一不依賴這些人工合成創造出來的物品，雖然一般人真的很難想像，香純濃郁的果汁可以不使用任何真實材料，只用試管裡的粉末就調製出來。

更麻煩的是，那些由食品工廠做出來的食品，都是古代沒有的食物。在人類長達數百萬年的漫長演化過程裡，並不容易從大自然獲得油脂和鹽，因此人類的天性會讓我們在碰到油與鹽時盡量補充。然而，現今的工業科技卻可以用非常低廉的成本，輕而易舉製造出這些東西，而且食品加工廠為了增加銷售量，在食品中添加各式各樣的油脂與鹽類，誘使我們攝取了遠遠超過對自身有益的數量。好吃又吃不飽，這是加工食品最重要的行銷原則，這些東西含有大量的油與糖，對人體有益的纖維素和其他許多重要的天然微量營養素卻很少，愈容易讓我們發胖的東西，反而愈沒有營養。

很多人也很擔心，這些油炸食物使用的油安全嗎？經過長時間油炸的油，確實會產生有毒的環狀單體與極性聚合物，吃多了對於肝臟或消化器官都不好。回鍋油實驗證實，必須在連續三到五天，每天反覆高溫油炸八小時的情況下，才會產生有毒物，因此一般家庭中的回鍋油如果只是重複使用兩、三次，並不會對人體造成傷害。可是外食就不同了，尤其是以平底煎鍋製成的水煎包、蔥油餅、鍋貼，或是以深鍋高溫油炸的油條、臭豆腐，這些鍋中的油不但長時間使用，舊油也不曾倒掉，只是重複添加新油，油中的有害物質自然就不斷累積，食物安全堪憂，大家千萬不能掉以輕心。

老滷汁易致癌？

下班後與幾個老朋友聚餐，向來重視養生的老劉嘆了口氣：「想不到滷汁也不能吃了。你們有沒有看到今天報紙的新聞，輔大某位教授的研究指出，將肉類、醬油、冰糖和水一起滷的滷汁，加熱愈久，會產生愈多致癌物。那很多名店的百年老滷汁不就整鍋都是致癌物了？」

我安慰老劉：「不必擔心啦，滷汁產生的膽固醇氧化物數量少到微不足道，何況膽固醇氧化物只在很少數的動物實驗裡被發現與懷疑有致癌風險，根本還沒有被世界衛生組織列為致癌物質。」

在醫院擔任營養師的老婆也附議：「與其擔心滷汁裡的致癌物，不如擔心滷汁太油又太鹹，那才是健康大敵。若真的擔心數量微小的所謂疑似致癌物，那你什麼東西都不能吃了。其實只要數量不高，人體的肝、腎原本就是負責解毒和排毒，不必太計較食物的微量毒素，倒是單一食物吃太多，累積起來可能就會有問題，因此飲食以多樣化為原則。」

我補充說：「不要說膽固醇氧化物尚未被世界衛生組織列為致癌物質，如果你那麼講究的話，被世界衛生組織明確列為致癌物的紅肉，比如牛肉、豬肉、羊肉都是貨真價實的致癌物，你吃不吃？」

聽了我和老婆的說明，老劉總算安心了。

的確，很多報導或研究總是語不驚人死不休，唯恐天下不亂，在《救命飲食》這本書裡，作者提到媒體常常會誇張報導事情的嚴重性，許多研究人員也會在有意無意間，為了爭取研究經費而誇大其辭。

書中有個例子：「假設你朋友想讓你罹患喉癌，打算給你吃下和給老鼠的『低』劑量一樣分量的NSAR，所以他請你吃燻香腸三明治，上面有整整一磅（約四五〇公克）的燻香腸，你高高興興吃了，然後他又給了你一份，一份接一份、一份接一份……你得吃下二十七萬份燻香腸三明治，而且每天都這樣吃，吃超過三十年！這樣照體重比例來計算時，你吃下的NSAR大概才會和『低』劑量老鼠一樣多。」由於現代人害怕得到癌症，所以研究何者會致癌的計畫比較容易爭取到經費，與此同時，媒體為了收視率與增加廣告收入和銷售率，自然會有許多像這樣故意引起大眾恐慌的報導。

事實上，數量才是關鍵。

希臘醫藥之神希波克拉提斯曾表示，所有的藥物都是毒藥，毒藥也都可以是藥物，關鍵在於使用的劑量。別說在藥房買的藥，連日常食物也是如此。比如說喝一小杯酒對健康有益，但若在短時間內喝下一整瓶高粱，當然會酒精急性中毒，造成生命危險。曾有女大生和同學打賭，一下子灌下半瓶高粱，就這樣命都沒了！

也有研究報告提到，若是我們一下子吃進大約四湯匙的鹽巴，同樣也會急性中毒。可見再好的東西、對人體有益的食物一下子吃太多，都會產生問題。反之，有些也許有問題的東西，只要數量不是太多，其實人體大多可以代謝掉，不必過於恐慌。

對一個走過青壯年的人來說，身體的代謝速率變慢，解毒功能也不再那麼快速有效，飲食不過量顯得更加重要。就像糖與脂肪雖然是人類生存與代謝的必需品，但過量也會造成很多疾病，偏偏現代的飲食習慣與廉價食品的生產模式，往往在不知不覺間讓我們吃下太多的糖與脂肪，每天有意識地注意自己吃的東西，少量但多種類的飲食原則，才是確保健康最簡單的方法。

飲食清淡也會有高血脂

有位長年茹素的朋友在健康檢查時發現了高血脂，有些血管甚至還有堵塞的現象。他很納悶，明明吃得很清淡，根本不吃大魚大肉，為什麼膽固醇還會那麼高呢？

其實這是很多人都有的誤解，以為不吃大魚大肉就能確保身體健康，事實上以膽固醇來說，將近三分之二來自肝臟自行合成，飲食習慣的影響不到三分之一，所占比例甚至比基因的遺傳還小。

據統計，五十歲以上的人，將近五分之一到四分之一有膽固醇超標的問題。不過只看膽固醇的數量並不準確，還要看細項分布的比率，例如總膽固醇和高密度脂蛋白的比值，或是低密度脂蛋白與高密度脂蛋白的比率。

低密度膽固醇脂蛋白又稱為壞膽固醇，它會堆積在血管壁形成斑塊，斑塊有可能脫落，堵塞在大腦或心臟，也是現代人聞之色變的心血管疾病元凶。

高密度膽固醇脂蛋白又稱為好膽固醇，它會將堆積在血管壁的膽固醇帶回肝臟代謝分解掉，幫忙打通血管，解除中風堵塞缺血的風險。

肝臟之所以會合成膽固醇，是因為大腦與肌肉的組成與運作都需要膽固醇，膽固醇也是維持我們身體健康、各器官發揮正常功能的不可或缺物質。但是膽固醇太多就會變成致命的壞東西，這和體內大部分組成元素一樣，太少不行，太多也會有問題。

這些膽固醇和中性脂肪都屬於脂肪類，無法直接溶解在血液裡，因此無法經由血液運送到身體各個需要的部位，而是會和蛋白質形成脂蛋白的顆粒。換句話說，脂蛋白就像是一艘載著膽固醇在我們身體內到處移動的小船。

所謂的低密度脂蛋白，就是將肝臟合成的膽固醇運送到全身細胞的快遞。但要是運出來太多，身體各器官用不了這麼多的話，低密度脂蛋白就會瀰漫在血管中，最後堆積在血管壁上。高密度脂蛋白則像是回收業者，會將這些用不掉、多餘的膽固醇運回肝臟，代謝處理掉。

低密度脂蛋白與高密度脂蛋白應該維持在適當的比例，若回收業者（高密度脂蛋白）太少，就會讓太多的低密度脂蛋白堆積在血管壁上。

只有我們了解這個運作原理，才能理解只看膽固醇總量並不夠，而是要看低密度與高密度脂蛋白的比例，否則即使膽固醇量不高，要是低密度脂蛋白遠遠高於高密度脂蛋白，同樣會出問題。

除了膽固醇總量，三酸甘油脂其實才是最重要的，也就是我們一般說的脂肪。只要能夠降低血液中三酸甘油脂的量，好膽固醇的比率就會提高。三酸甘油脂的來源主要是路邊隨手買的飲料、甜點，那些令我們上癮的糖類。

以往常有朋友認為雞蛋含有膽固醇而不敢吃，其實這非常可惜，因為並不是我們吃進了多少膽固醇，體內就會增加多少膽固醇。雞蛋既便宜，營養成分的分配又相當完整，包括了所有我們需要的各類營養成分與微量元素，可謂一百分食物。想想看，這麼小小一顆蛋，可以孵出一隻活蹦亂跳的小雞，有肉有骨有血液有腦袋，組成一個生命的所有元素在小小的蛋裡就完完全全俱足了。

多的醣類會合成脂肪，飲食中的油脂當然也是高血脂的來源。

脂質大致可以分為飽和脂肪酸和不飽和脂肪酸，原則上，飽和脂肪酸會增加壞膽固醇，不飽和脂肪酸傾向於增加好的膽固醇。豬、牛、雞的油與奶油、鮮奶油等乳製品都是飽和脂肪酸，橄欖油、堅果和魚油則屬於不飽和脂肪酸，也就是比較好的油。

臨床上來說，多半會建議長期高血脂的患者服用降膽固醇的藥，這類藥物可以協助消除血管壁沉積的斑塊，不過通常需要比較長期的服用才看得到效果。

當然，若還沒有嚴重到需要每天吃藥，倒是可以透過一些生活習慣來降低高血脂。適當的飲食與每日的運動就是最重要的兩項要素。

每日運動並不需要到健身房或耗費大量時間，研究顯示，輕量運動也有用，比如每天三次、每次十分鐘左右的快步走，達到稍微有汗的程度就可以。

而所謂的快步走，就是臺灣近年推廣的「健走」，縮小腹，背脊挺直，收下巴，目視遠方，盡可能邁開大步，手肘輕微彎曲，前後大幅度擺動，以這樣的姿勢步行比較能夠均衡地運動到全身的肌肉，提升燃燒脂肪的效果。

分段健走在日常生活中還蠻容易做到的，比如早一站下車或上下班時稍微繞一點路，或是中午吃飯前後抽空走一走，應該就能累積到三次十分鐘的走路機會。

若真的沒空或沒機會健走，在搭車時縮腹挺胸、墊腳尖，也是活動肌肉的好方法。不然也可以像我一樣，用擦地板做家事來代替運動，更是好處多多。

鈣多鈣少都麻煩？

最近有兩位好朋友，一位回老家與子侄輩打籃球時，好端端地居然肌肉韌帶受傷，不但送醫急診，還要拄拐杖好一段時間；另一位因為打掃整理高處物品，不小心摔倒骨折，也必須打石膏休養好幾個月。

這兩位朋友都是五十來歲，平常身強體健，相信復原後又是一尾活龍，但是假如年紀再長一些，或者原本就有慢性疾病，這一摔恐怕會摔出大問題。

俗話說，活動活動，要活就要動。

許多老人家只要一跌倒就骨折，若是手或腳骨折還好辦，若是骨盆腔骨折，那麻煩真的就大了！長達數月臥床期間，除了容易引起感染與褥瘡，身體其他肌肉也會萎縮，即便骨盆腔的骨頭癒合了，往往從此不良於行。許多研究統計，高齡長者一旦骨盆腔骨折，一年內過世的機率高達一半以上。

因此，如何貯存骨本、鍛鍊肌力，正是過了壯年期的人日常保健的長期目標。

肌力鍛鍊比較辛苦，也較花時間，除了近年流行的各種核心肌群體操或重力訓練，平常也要多活動，每天維持走路習慣（可以配戴計步器檢視每天是否都有走一萬步）。若是膝蓋還行的人，能走樓梯就不要搭電梯。其他如慢跑或騎腳踏車，若條件與時間允許，也是很適合的運動。

至於骨質疏鬆，最簡單的預防方法就是補充鈣質。

對於鈣的攝取，假如你不贊成每天像吃藥般吞食鈣片，想從真正的食物中獲取，往往直覺聯想到牛奶，因為乳製品含有豐富的鈣。不過我知道很多人不喝牛奶，姑且不管這是基於什麼原因或考量，單以鈣質的攝取來看，有些研究報告非常有趣，因為攝取牛乳量最多的國家或個人，不但骨折率最高，骨骼的含鈣量也最低！

咦？為什麼會這樣呢？

研究人員解釋，動物性蛋白代謝後會產生許多酸性化合物，由於人體的體液必須維持穩定的酸鹼度，所以就會用鈣去中和酸性，再排出人體。換句話說，乳製品含鈣沒錯，但是過多動物性蛋白質的代謝反而會消耗更多的鈣，當血液中的鈣不足時，就會從骨骼裡釋出鈣。相反的，血中的鈣若過多，有一部分就會貯存在骨骼裡。

主張吃蔬食的朋友常常提到，豆類和葉菜類蔬菜都含有大量的鈣，足夠供我們身體所需，同時又能降低動物性蛋白質代謝產物帶走鈣的風險。

還有研究顯示，一旦吃進太多的動物性蛋白，骨骼析出的鈣與酸性代謝物結合之後，會從尿中排出體外，腎臟若是必須長期承受處理大量含鈣化合物的負擔，也很容易產生結石。腎結石雖然不是太嚴重的疾病，發作起來還是蠻痛的，而且假如運氣不好，導致腎臟永久病變，那就真的是大麻煩了。

吃太多蛋白質與重鹹食物，水又喝得太少，比較容易在腎臟、尿道或膀胱產生結石。結石若太大卡在輸尿管，那種劇烈的絞痛可是會讓人在床上打滾的。

此外，結石還會讓泌尿道反覆發炎，要是遇上身體太疲累、抵抗力太差，或是運氣不好得到急性腎衰竭，那才叫冤枉呢。即便結石乖乖留在腎臟裡，不痛不打擾你，久而久之也容易演變成慢性腎臟病。

腎結石或尿路結石有八〇%來自於尿中的草酸鈣或磷酸鈣太多，預防之道是少吃鹽，以增加鈣質的吸收。同時還要避免太多的動物性蛋白質，以免增加尿酸與含鈣化合物的排泄，一旦尿液酸鹼值降低，也將增加結石的風險。

同時，適當運動也能幫助尿道蠕動，減少尿液結晶沉澱變成結石，並促進較小顆的結石排泄。最後也是最簡單的，多喝水。

聞癌色變的年代

我學生時代讀的教科書裡提到，大約每四個人就會有一個人得到癌症。換句話說，只要你不是年紀輕輕就因為意外而死亡，大概有四分之一的機會得到癌症。最近看到新的資料，罹癌機率已經提高到了三分之一！

癌症又稱為惡性腫瘤，得到之後似乎就被視為「限時死亡」，並隨著病情慢慢惡化，自己痛苦不打緊，往往也會拖累家人，難怪人人聞癌變色。

這三十多年來，政府每年公布的十大死因裡，癌症永遠高居第一名，從頭髮的髮根到腳趾指甲床底下的組織細胞，可能發生的癌症數以百計。何種癌症的致死率最高？排行榜隨著生活環境的變遷而改變，最令人觸目驚心的當然是肺癌的急遽上升，偏偏肺癌很難早期發現，往往一發現就是末期，存活率不高。

我們對於癌症的反應往往呈現兩種極端，一種是太害怕而不斷去做各種檢查，另外一種是逃避，連最基礎的篩檢都不做。

目前有許多自費的癌症篩檢，比如血液腫瘤標記和基因檢測。其實血液腫瘤標記不適合單獨做為癌症篩檢，因為早期癌症的數值不見得高，數值高的也不見得是癌症，有太多偽陽性或偽陰性，常常是自己嚇自己，空虛驚一場。血液腫瘤標記通常比較適合用於癌症治療後的追蹤。

基因檢測則是透過各種基因突變的組合，經由程式運算，推測未來罹患癌症的可能比例，其實沒有太大的意義。

真正有效的，政府也大力推動的預防篩檢有四項：口腔癌、乳癌、子宮頸癌與大腸癌。

這四種癌症篩檢容易，成本低，早期發現的可能性非常高，而且這幾種癌症從癌前病變，到一期、二期、成長速度比較慢，有機會進行非常有效的早期治療，甚至完全治癒，大大節省社會資源與家庭負擔。

可惜的是，政府這四項篩檢積極推動了十多年，真正願意做篩檢的民眾並不如預期。多年前我應牙醫師公會之邀到菜市場和工廠擺攤拉客，拜託民眾來接受檢查，只要他們坐下來、張開嘴，五秒鐘而已，很多人就是不肯。

聽說有些地方衛生所為了號召社區裡的婦女做子宮頸抹片檢查，還會贈送醬油、衛生紙，但是達成率也沒有想像中理想。

其他像是大腸癌篩檢，得做大便潛血檢查，政府也建議五十歲以上的人每兩年做一次，有問題再進一步檢查。我覺得現代人飲食不正常，又以外食為主，再加上各種食品添加物的影響，難怪大腸、直腸癌的比率同樣直線攀升。

不同癌症有不同的好發傾向，針對每個人不同的生活習慣、職業或家族病史，判斷自己是否是高危險群，進而主動做相關的癌症篩檢是很重要的，不要鐵齒。

舉例來說，四十歲以上的女性若有乳癌家族史，應該每兩年做一次乳房攝影；三十歲以上有菸癮或吃檳榔習慣的人，也要定期到牙科做口腔黏膜檢查。

絕大多數的癌症起源於細胞在生長分裂時的基因突變，產生了癌細胞。

基因突變有很多不同的原因，第一種是染色體轉位，也就是細胞分裂時，染色體的分配發生異常；第二種是遺傳因素，通常是負責修補細胞變異的基因受損；第三種是環境中的致癌物所造成，比如化學物質、放射線或病毒等。

第一種、第二種原因我們沒有辦法預防，只能早期診斷、早期治療，但是第三種的環境因素我們絕對可以控制，除了吃喝必須自己留意，不論是空氣與水的汙染、食品安全的把關，都要靠我們每個共同生活在臺灣的人一起努力，一起督促政府，打造一個健康的環境。

極端氣候引發心血管疾病

夏、秋溫度變化劇烈之際，一位正值壯年、白手起家的五金百貨創辦人，因為心臟病猝死而引起媒體的關注。

的確，心血管疾病與氣溫和氣壓這些天候變化息息相關。人體為了維持體內的生理代謝作用，必須維持固定的體溫，假如外在環境變化劇烈，人體會透過各種機制，想盡辦法保持固定的體溫。

比如說，天氣太熱時會流汗，用汗水的氣化讓身體降溫；天氣太冷時會收縮末梢血管，不讓溫度從皮膚散失，同時把溫熱的血集中送回身體的中心，維持重要器官的運轉。

氣溫之外，氣壓也會影響人體。舉例來說，氣壓下降時，位於內耳的壓力感測器會啟動，刺激交感神經，透過各種內分泌來調控身體，好比收縮血管以及活化痛覺的感受器，對周遭變化更敏銳，因此有些人在低氣壓時就會神經痛或是類風溼關節炎的疼痛。

有研究統計發現，只要一天之中的溫差相差攝氏十度以上，腦中風的患者就會增加。尤其以清晨時分最危險，因為一天裡的最低溫都發生在清晨五、六點。這時太陽還沒出來，前一天的太陽輻射熱已經散盡，幾乎任何人在這時量血壓都會比自己的正常血壓還高，所以有所謂的「清晨高血壓」形容此一現象。

如果高血壓或動脈硬化患者在寒流來襲的清晨，不小心從熱熱的被窩裡直接翻身起來，一下子接觸到冰冷的空氣，血管急速收縮，心臟就必須更強力的打出血液才能提供各器官與組織足夠的氧氣與營養物質，那麼就在一瞬間，血壓將立刻飆高，脆弱的腦血管被強勁的血流沖破，很容易形成腦溢血。

另一種情況是，因為不想半夜爬起來上廁所，所以晚上不太敢喝水，但是人在睡覺時，身體的水分還是會透過呼吸和皮膚而散失，結果使得血液變得比較濃稠，容易形成血栓。所以每天睡前和早上起床時，最好都喝半杯至一杯的水。

冬天若是強烈的低氣壓來襲，氣壓急速下降，再加上氣溫低，雙重因素影響之下，各種心血管疾病發生的機率自然偏高。有研究報告指出，若氣溫在短時間下降，血液中的紅血球、血紅素和血清蛋白濃度都會上升，血液自然就會變得濃稠，因此即使是平常沒有高血壓問題的人，也常常會因為血液濃稠而導致血管阻塞。就像所謂的經濟艙症候群，由於長時間身體不動，靜脈血流無法透過肌肉運動的幫浦作用迅速流回心臟，凝滯的靜脈血液就會變得濃稠、凝結，形成血塊，最終導致血管栓塞。

臺灣有個研究曾經統計歷年來死於腦中風的數萬個患者，發現死亡率最低的氣溫是攝氏二十七到二十九度，每降低一度，死亡率增加三%；氣溫高達攝氏三十二度以上時，死亡率也會增加一．七倍。換句話說，天氣太冷或太熱都對心血管不好，因為天冷會造成血壓高，天氣熱會大量流汗，容易脫水，使靜脈血液變得濃稠，這些都是溫度對於健康的影響。

有些人喜歡泡三溫暖，在熱水與冰水池中交互浸泡，其實這對我們的心血管是極大挑戰。曾有人研究，只要把左手浸泡在攝氏四度的冷水中一分鐘，收縮壓就會立刻增加 50 mmHg，代表就算是平時血壓維持在正常 120 mmHg 的人，也會因為手浸冷水而讓血壓瞬間飆升到 170 mmHg。

皮膚一碰到冷水或冷空氣，血管的平滑肌就會收縮，血壓就會上升，同時也會促進交感神經活化。交感神經會導致血管收縮，同時作用在下視丘的自律神經中樞，造成血壓上升。這三種作用機制幾乎是同時發生，也是身體對寒冷的反應如此激烈的原因。

總之，只要聽到氣象報告說，今天半夜會有冷鋒駕到、氣溫降低，晚上睡前就應該在床邊準備好外套和圍巾，也不要漏了毛襪和拖鞋。

圍巾也很重要。因為脖子兩側的頸動脈竇有個溫度感測器，即使我們身上穿得很暖，還戴了毛帽，要是露出光溜溜的脖子，身體還是會以為受了寒，將立刻啟動血管收縮機制，血壓一樣會往上飆。

這些年在全球環境變遷的影響下，極端氣候的發生機率愈來愈高，一年之內有非常多次二十四小時之內溫差超過十度，甚至十五度或二十度的日子也不罕見，如何控制好自己的血壓變化，成為當代人另一個身體保健的重點。

無麩質飲食正流行

陸陸續續地在朋友們聚餐的場合，發現有些人會特別避開小麥製品，剛開始以為是為了降低熱量，採取低醣飲食，可是他們對於米飯並不忌口，詢問之下，才知道他們是不想吃到小麥製品裡的麩質。

這幾年歐美民眾在用餐時避開麩質的人數呈現快速成長，許多餐廳也開始打著「無麩質料理」，麥當勞甚至嘗試推出無麩質漢堡。

特意避開麩質的朋友中，有人言之鑿鑿：「以前我常拉肚子，自從我不再吃小麥製品就不再拉肚子，消化吸收情況改善之後，整個人的身體狀況都改變了！」但是有更多不吃麩質的朋友，不見得真的是對麩質過敏，只是覺得反正也沒有特別喜歡吃麵粉製品，預防一下總是比較保險。

的確，愈來愈多的人注重健康，不管是自身的健康或是環境的健康。

不久前有位老朋友的女兒回臺灣創業，因為從小看著她長大，她的小餐廳開幕沒多久後我們就去捧場，她做的餐點就是以無麩質有機素食料理為主。

從前菜、沙拉、主菜到甜點與飲料，我們每個人點了不同的品項分食，再聽這位年輕的主廚對我們詳細介紹每道菜的作法，每種食材如何栽種與挑選，連已經在醫院擔任三十年營養師的老婆都直呼大開眼界。

其實這位頗有想法的主廚算是半路出家，原本她學的是彩妝，以前在加拿大工作時一個月只要接幾個案子，工作三、四天就能賺足生活費，現在卻願意在臺灣天天從早忙到晚，小餐廳也僅能勉強維持收支平衡。好奇追問，她只淡淡說：「我實在受不了為那些穿皮草的人服務。」

她媽媽接著解釋：「因為六、七年前生病手術後，女兒想煮一些健康的食物幫我調養身體，開始找資料研究，居然煮出興趣來。後來也去幾個不同的國家學習，現在想在臺灣推動無麩質的全素料理讓更多人認識。」

我原本就知道許多西方人會對麥類主食裡的麩質過敏，但我以為這對東方人應該不會造成困擾，因為就算不吃麵粉類的食物，吃米飯總可以吧。現在才知道原來如果不特意避開，幾乎所有的沾醬都含有麩質，包括醬油，體質過敏的人就會消化不良、拉肚子。

看著這位年輕漂亮的女孩，很難想像她自從養了貓後就開始吃全素，蛋、奶也不吃，甚至不再使用任何動物製品，皮包、皮件、皮鞋一概從生活中消失。

我也想起了一位美國大型畜牧場的經營者在罹患重病差點癱瘓後，挺身揭露了畜牧業的黑暗真相，並且深自反省：「當生命走到盡頭時，我們會想用什麼標準來評斷我們度過的一生呢？」

是的，不管我們賺了多少錢，曾經多有權勢，死了統統帶不走。那麼唯一重要的就是，我們為世界留下了什麼！

以農藥肥料、生長激素、抗生素大量飼養的工廠化畜牧業，對於人類和我們賴以為生的環境與土地來說，已經造成了難以彌補的影響和傷害。看到這間由兩位年輕女孩合開的完全無麩質有機純素餐廳（搞不好是全臺灣第一家），我實在非常開心。但也因為她們非常講究，食材取得不易，處理又極費工，價格當然也就沒辦法大眾化，讓我有點擔心她們能否長期經營下去。

走回停車場取車時，老婆安慰我：「她們還有開工作坊，教導更多有心人如何烹調健康的飲食，關心自身健康的同時，也關心環境健康的理念。在我們這麼有慈悲宗教情懷的臺灣，應該沒有問題的。」

的確，我應該要有信心，畢竟多年來我們推廣的環境教育也一再倡導，關心我們吃的食物從哪裡來、又是如何生產的，除了對自己的健康有保障，也是改變世界最有效的方法。如此一來，每當我們舉起筷子時，都可以是改變世界的超人。

醫病關係與尋找醫療第二意見

年輕時除非意外受傷，不然大部分的人不太會因為病痛而上醫院，但是年齡愈大，身體器官各部零件逐漸老化受損，不管或早或晚，總會去醫院報到。

然而，從學生時代一路養成的習慣讓我們往往以為，凡事都有標準答案，因此也會認為什麼病該怎麼治療是一定的，全憑醫生說了算。

事實上，醫療處置正如人生大部分的事情，沒有標準答案，醫生的診斷與處置也只是眾多可行方法之一而已。由於每位醫生的個性不一樣，與病患的溝通模式自然也不一樣。

第一種是最傳統的，權威式的決斷，直接對病人說應該怎麼處理與治療，不會提供其他選擇。

第二種是告知式的，和權威式剛好相反。他會告訴病人所有的數據與可能的處置方法，然後交由病人自己決定。這種方法看似民主，但長久來看並不理想。如果選擇容易或是病人的好惡明顯，或許還不錯，可是更多時候病人反而無所適從。醫師彷彿置身事外的態度，也讓醫師變得像是販賣技術的銷售人員，病人則是採購的客戶，彼此間的關係就像商店與消費者，少了人性與超越消費價值的生命關懷。

最理想的是詮釋式，醫生除了依據病情的嚴重程度與病人的身體狀況，找出幾種可能處置的方案外，最重要的是幫助病人釐清他們究竟希望得到什麼？也就是先弄清楚病人最擔心、最在乎的事情，然後再依據他們的需求，分析處置可能導致的結果。

要是你遇到的醫生沒辦法提供足夠的訊息或分析讓你選擇，其實你可以尋找第二位或第三位醫師提供建議。

有些國家的醫療保險規定，進行重大手術之前必須有第二意見，也就是要取得原本主治醫師以外的意見，保險才會給付醫療費。我覺得用制度來「強迫」聽取不同醫師的診斷，除了可以免除病人的不好意思或個別醫生的「偏見」，還有很多好處，比如能得到更多資訊，確認主治醫師的判斷和治療方針是否有問題，也可以選擇最適合自己的治療方法與醫師。

臺灣的保險雖然沒有強制第二意見，但因為全民健保看病不用錢，民眾又有就醫自由，所以常常會「逛醫院」，今天到這個醫學中心，明天去某醫學院附設醫院，雖然可以聽到不同醫師的意見，但是假如沒有取得前一位醫師的檢查報告或診斷與治療建議，每一個醫生都只有片段資訊，而且往往會做過多重複檢查，浪費醫療資源與病人或醫生的時間。

病患若能把「偷偷逛醫院」的不信任感，轉變成正式告知第一位醫生，並且索取檢查資料與診斷的影印本，正大光明尋求「第二意見」，或許對大家都好。

當你拿著第一位醫師的資料給第二位醫師看時，要詢問他，對之前的診斷是不是有其它看法？相對於第一位醫師建議的方法，若換作是他，會怎麼給予你建議？

當然，若是兩位醫師的意見不同，就該進一步詢問是否有科學佐證或案例？最後如果可能的話，申請第二位醫師的診斷書或病歷摘要，讓你再和原來的醫生討論。

長壽的祕訣

秦始皇不是追求長生不老的第一人，也不會是最後一個。當然，平凡如你我的一般人不敢奢望長生不老，但希望活久一點是人之常情，這也是坊間各種養生產品大行其道的原因，網路上所謂的保健祕方之所以一再流傳，也是同樣的道理。

《國家地理雜誌》一位美國記者拜訪了全世界以長壽著名的村落，包括歐洲義大利的薩丁尼亞島、亞洲日本的沖繩、美洲美國加州的羅馬琳達，還有中美洲哥斯大黎加的尼科維半島，希望能向這些長壽的人瑞學習健康和長壽的祕訣，並歸納出九大原則：

一、持之以恆的適度運動。

二、吃飯八分飽、控制熱量的攝取。
三、攝取植物性食物。
四、適度飲用紅酒。
五、擁有明確的目標。
六、慢活人生。
七、有信仰。
八、重視家庭生活。
九、人際關係良好。

其實我們可以把這九項區分為三大類。首先是運動，它是保持健康與生命活力最重要的項目，而且幾乎在任何疾病預防與療癒都居於關鍵地位。

第二是飲食，雖然有各式各樣的營養保健食品或五花八門的飲食建議，但是盡量吃無毒的天然食物，不要暴飲暴食，甚至只吃七、八分飽，大概可視為共通原則。

第三是人生價值，這點常常被忽略，不管是透過信仰或者良好的人際互動，無非都是為了保持積極熱情的生活態度，只有找到令自己喜悅的事物，才能在養身之餘兼顧心理層面。

也因此，那位美國記者提出的九項原則中，「適度飲用紅酒」這一項，我猜除了釀造紅酒時需要使用葡萄，而葡萄皮含有多種對身體健康有益的植化素，大概也因為喝紅酒時通常是和朋友、家人一起快快樂樂地飲用，既有此閒情逸致，大概也比較懂得享受生活的樂趣，呼應了另外一條原則：慢活人生。

若只希望活得久，現代醫療科技如此進步，活得久絕對不難，至少能讓你死不了。只不過身上插滿管子，躺在床上一動也不能動，這種延長死亡狀態的「活」，恐怕也不是我們要的。

所以說，長壽的前提是，健康的長壽。

然而，再怎麼注重養生，健康歲月有七十年或八十年，甚至九十年，多了幾年究竟有何差別？很多朋友們從三、四十歲就開始抗老，到處尋訪仙丹靈藥，希望博得別人一句「你看起來好年輕！」可是一時的虛榮也撐不了多少年，終究還是會老。既然如此，為了抗老所耗費的大量精神、時間與金錢，到底划不划算呢？

總覺得時間的長短，數量的多寡，都不如感受的深刻。活了多久不是重點，重要的是如何在有限的時間內活得有價值，活得沒有遺憾。

那該如何善用時間？

首先要小心低價值的事情吃掉了我們寶貴的時間。哪些事情算是低CP值？比如說別人希望你做的事，而這件事根本不是你想做的，或者做的時候毫無樂趣。當然，日復一日過一樣的生活，始終以一樣的方式做一樣的事，也算是乏味無聊的時間消耗。

反過來說，哪些事對我們來說有價值？

第一當然是我們一直想做的事，再來就是可以發揮自己創造力的事，換句話說，就是因為你的努力才會出現在這個世界上的事，最後若是能把握到千載難逢、稍縱即逝的事，不管我們是否在現場，或搖旗吶喊，甚至臨門一腳，都是令人回味無窮的高CP值之事。

總之，長壽與否我們無法全盤控制，不是變因太多就是投入資源太龐大，但善加利用時間，絕對是可以透過我們的努力，慢慢改善的。

附錄
APPENDIX

借鏡歐洲銀髮族的樂活之道

採訪・撰文・整理
李欣澄
李欣恬

坐落於住宅區的多功能銀髮天地

——拜訪比利時安特衛普 Diensten Centrum

活動中心裡的銀髮先生把視線從日曆上移開，開始和我聊天，他很納悶一個東方面孔跑來比利時安特衛普活動中心裡東問西問的奇怪意圖。「嗯，我在做一些關於……長照……老年人口的研究……」我解釋得有點不好意思。

「怎樣算老？」猝不及防地，他擲來一道來勢洶洶的命題。「雖然我老了，但我還在拉小提琴！」他露出狡黠的淺淺微笑。原來他想知道的是，在臺灣怎樣算是老？「法定六十五歲算是老吧，但老的定義因人而異。」他聽了聳聳肩。

這是一個前所未有的世界，光是定義「老」就充滿了玄機。「現在政府規定的法定退休年齡延後了。」借宿家庭的 Bart 叔叔說。為了因應人們愈來愈長壽，這似乎是一個好做法，「但是其實五十五歲左右大家就會被迫退休。」我很不解，那訂定法律做什麼呢？「沒辦法呀，事實就是即便做相似的工作，人們的薪水會隨著年齡資歷而上升，公司請不起五十幾歲的員工。」「我不老，但我無法工作了。」Bart 叔叔有點無奈。

不久的將來，五十歲可能才有資格叫做中年。這群五十歲上下的人要做些什麼呢？

我發現在比利時探究這個問題有點蠢，社區圖書館外面的看板上貼滿了活動、課程、志工、博物館、節目資訊，每個社區的「Dienst Centrum」等你挖寶，實在有太多事情可以做了！

騎單車前往 Dienst Centrum 時已接近中午，一路上遇到愈來愈多銀髮族，或是一個人推著行動輔具、漫步或騎單車，或是攙著老伴從車上緩步前來。走進去一看，像極了丹堤與怡客的雅致餐廳裡，白頭髮的爺爺、奶奶們安靜排著隊，可能是在等候點餐。

「Dienst Centrum」翻成英文叫做 Service Center 服務中心，但要找到相對應的中文似乎有點困難，勉強就當作是臺灣的里民活動中心吧。已經在這裡工作三十五年的M女士熱心地為我導覽了這個空間不大的神奇聚會場所。

隸屬於市政府和OCMW（openbare centra voor maatschappelijk welzijn）的 Dienst Centrum 在比利時每一區都有，並依照不同區的人數，可能不只有一間。Edegem 區比較小只有一間，叫做「Appel」（蘋果）；Mortsel 區比較大，又是老年化快速的區，有兩間。大城市像安特衛普總共有十幾間，居民通常會以服務中心各自的名字稱呼它們。有些會和老人公寓連在一起，有些會和護理之家連在一起，外面常常是公園，多半坐落於住宅區內。

我拜訪的是屬於 Mortsel 區的「Populier」（白楊）服務中心，它大概是比利時最早一批的服務中心，從一九八一年就開始服務，目前有四位正職員工，分別負責行政、主管、照顧和運動娛樂。

Dienst Centrum 功能多元，有餐廳、教室、咖啡廳、洗衣間，場地不大，甚至可以說是一間有很多桌椅、內有吧檯的大教室。雖然開放給每個人，不過因為開放時間都是白天（周一到周五早上九點到下午五點），我遇見的大部分都是退休人士。

單純來社交、玩遊戲是免費的，花〇．八歐元可以點一杯銀髮爺爺形容為

「extreme good」的咖啡，中午肚子餓只用六．五歐元就能吃一頓午餐。每天都會舉辦各種課程，一堂約一．五歐元，從語言課、音樂課、藝術課，到紙牌遊戲、運動健身、戶外參訪、文化課、煮飯課、前往猶太區漫步學習猶太文化、逛阿拉伯市場體會阿拉伯文化……「我們盡量把課程費用壓低，讓各種人都可以來。」M女士說。為每一種人服務是這裡的原則，但服務水準不會因此下降。

每天都要準備一種課程，是誰負責安排這些多樣性的活動？又是怎麼設計出來的呢？M女士回答：「我們四個工作人員會一起討論，但每年有四次『center board』時間，會請來這裡的人提出各種意見，比如有人可能提議想去海邊玩，我們以後就會想辦法安排。」

沒有限定只有住在這區的居民才可以參與，任何人都可以來這裡學習與交流。「目前在這裡活動的人數約有六百人。」眼見不大的空間裡，穿梭自如的銀髮族來吃飯、打牌、玩桌遊、聊天、看報、喝咖啡，數一數當場就有二十來個，讓你不得不相信里民活動中心也可以這麼精彩。

「服務中心剛開始怎麼觸及到這麼多老人家？」我問M女士，她說：「首先，老人公寓（service flats）就在 Dienst Centrum 樓上，他們很容易就可以下來參加。二、有兩個工作人員會定期拜訪年長者，看看他們需要哪些幫忙，同時告訴他們服務中心提供的各種服務。三、各種廣告、宣傳品。四、每戶人家都會收到實體月刊，介紹施政、各種志工機會、服務中心當月的活動。」

「大家都蠻喜歡來的，因為這裡提供各種服務！」M女士開心地說，「Dienst Centrum 是個窗口，可以連結到各種需要的服務。」不只是看得見的課程與設施，遇到健康或家庭問題，詢問工作人員都可以找到更多資源與管道。

「老年人很早起，但他們也需要比較長的時間去做某一件事。不過他們很負責任，dutifuliy，很 strict to their plan。」M女士總結這些年來觀察老年人的習性。屬於公家單位，由政府補助的 Diesnt Centrum，除了像M女士這種為人民服務的公務員，還有很多志工共襄盛舉。

落地窗外的小公園裡有七個人正在打太極，「那位在前面示範的老師很可能就是志工。」M女士說。多元的課程看似需要龐大經費，其實大部分都是不拿錢的志工。更有趣的是，「有時候是由常來這裡的年長者當老師，比如我們聽到他在講某種特別的語言，就會問他願不願意來教課！」每個人都可能是某方面的專家，可以學也可以教，年長者有很多事情忙不完呢！

好多課程看起來都很好玩，我開始替他們擔心會不會沒有人來上課。「其實每次大約二十個人，但也沒有真正的人數限制。我們多半都是用一種盡量嘗試看看的心情來舉辦，如果真的沒有人參加，下一次再慢慢調整。」M女士說其實沒有真正遇到很大的阻礙，Diesnt Centrum 會遇到的問題是要注意參與者的緊急醫療突發狀況，畢竟來這裡的人多半上了年紀。

「有沒有哪一門課特別熱門？」我問。「因為我們想讓年長者盡量動一動，他們才不會退化，運動相關課程很普遍。」M女士說。不只是單純「運動」，最讓我驚豔的是各種課程的深度，健康其實包含了身心靈各個層面，臺灣常常提及的「老年長照」、「健康促進」，是否太侷限在第一層級的生理健康而已呢？

Diesnt Centrum 本著將服務觸及每個人的目標，「我們也希望提供更多服務給新移民。」M女士解釋著未來的發展方向。「我們會從很多方面著手，比如做一些他們熟悉的事情，請他們到服務中心開烹飪課程，教大家煮中東菜、中國菜。」想讓新移民融入當地，不只有單向地開設語言課，「現在每周三下午我們也舉辦小朋友的煮飯課程，希望從新移民的小朋友開始認識，接著認識他們的爸媽，如果他們遇到什麼問題，就可以給予他們及時的幫助。」解決問題不單靠經費，更重要的是敏銳的觀察力與各種小實驗。

「Diesnt Centrum 的宗旨是讓人們活得充滿意義。」M女士愉悅地總結。

按咖啡機也是貢獻社會

——拜訪荷蘭阿姆斯特丹 Het Amstel Huis

「Do you know any places that have many courses and actives for the seniors?」我上前自我介紹是來自臺灣的學生，正在做關於老人主題的調查，希望這些荷蘭古董店的老闆們能給點建議。

他們大惑不解，「但我不是專家……」這些荷蘭人似乎不知道在臺灣的報導裡，他們的國家在處理活躍老化時充滿了創意，又或者，活躍老化早已融入他們的生活中？

沿著阿姆斯特爾河，在美麗運河的陪伴下，我們來到坐落在河邊、戲劇院斜對面的嶄新大樓「het Amstel huis」。「我們正在做與長照相關的研究，很多人向我們推薦這裡。」「沒錯，他們當然會推薦我們！」站在櫃臺後面燦笑的R先生驕傲地承認他們很有名，同時仁心大發地帶領我們參觀這間阿姆斯特丹市區知名的銀髮公寓。

就是不幫你洗衣服

如果不仔細注意木質大門旁的門牌號碼和住戶名字，坐落在城裡精華地帶的 het Amstel huis 看起來絕對是一家五星級飯店。「我們這裡只收 small pocket、七十歲以上、能夠獨立生活的銀髮族。」R先生流暢地介紹這些似曾相識的條件，也讓我意識到，目前為止參訪的銀髮族養護所、銀髮公寓、各種服務機構都具有很重要的社交性質。

「我們的目的是希望這裡的一百七十五位銀髮族可以擁有完整的生活，活得很快活。」這裡提供七．五歐元一餐的平實餐廳、交誼廳、健身房、洗衣間、木工間、圖書館、教室、兩個可以看風景的陽臺，一如眾多銀髮族養護所。

到底 het Amstel huis 和別的銀髮公寓有什麼差別呢？「我們不會幫他們做太多事。」如果希望老人獨立自主又活得快樂，應該盡量讓他們做所有他們能做的事情。「他們必須自己去洗衣間洗衣服，一方面是因為不能總是依賴別人，另外洗衣間也是很棒的交誼廳，可以遇到不同人，聊聊天。」原來當空間被賦予不同的期待，也能迸發讓人驚喜的意義。

按咖啡機也是貢獻社會

「我們還有一間特別的木工教室，你可以做任何木工，鑰匙就在另一個房間，需要使用木工教室的人可以自己拿鑰匙，不需要報名，常客還會有專屬的鑰匙。」事實上在入住這裡時，工作人員就會與銀髮族聊天，看看他們喜歡什麼，是不是能把編織、手工藝、彈奏樂器等，帶進他們的新日常生活。

「我們的圖書館也很讚，有個八十來歲學識豐富的圖書館志工，每星期都會把很棒的書整理出來讓大家讀。」一路以來的參訪過程中，看到養護所與銀髮公寓裡目光呆滯望著八點檔的老人家們總是會難過，我們試圖尋找各種活躍銀髮族生命的方式，也許創造一個閱讀的時空，就是賦予自我生命意義的最節能方法。

在開放給所有人的餐廳裡，「有一次有個銀髮族看到飲料吧檯，興致高昂地跑來當服務生喔。」確實，年齡常常不是年老的分野，健康才是。參與社會的想望不一定會因為年老而褪色，「雖然只是幫其他人按按鈕、點點餐，但這是他的貢獻，讓他感覺有所貢獻而且覺得快樂。」R先生說。

我想回學校上課！

這裡也透過銀髮住戶、志工、外界老師，開辦了許多酌收小額費用的課程。「二．五歐元不多，但你知道的，免費的話，大家愛來不來。」以社會保險補貼、所有人都負擔得起的課程，深受銀髮住戶與附近社區居民的喜愛，除了每天固定主題的課程，也有不定期的特別活動比如跳舞派對等。

「每周三是電影夜，原本選片與安排播片是我的工作，後來有一個很喜歡電影的住戶爺爺接手了，他每次都會在播放電影前做詳細的背景知識、導演、演員介紹呢！」在het Amstel huis，似乎很多原本屬於員工的工作都被資深住戶們「搶」了過去，但R先生說他們樂見如此。從銀髮公寓工作團隊點起的火種，透過住民接棒，燃起生命力。

「有時候我們也會舉辦郊遊，搭小船遊阿姆斯特丹，或是舉辦認識城市的活動。我們這裡和其他退休之家很不一樣，你常常會看到退休之家的人丟球給老人家，叫他丟回來，很無聊的東西，沒太大意義，而且每天的行程都很固定，幾點吃早餐、幾點做操、幾點午休等，沒有選擇性，這會讓人快速老化。我們這裡的做法完全相反，在這裡你要上什麼課、要做什麼事，都是你自己決定！」住進銀髮公寓不該是加速老化，應當是在安全無虞之時，活得更獨立自在。

「你聽過哪些神奇的課程心願呢？」het Amstel huis 的課程意見箱隨時期待稀奇古怪的意見。「每個人都想學不同東西，有人想學鋼琴，還有人想回學校上課！」然而，秉持著「獨立生活」的中心宗旨，R先生說銀髮族若想嘗試什麼，首先都要想辦法自己去安排，不過員工們都會在一旁等待求助。

走進社區，從修眼鏡開始

「其實，修眼鏡是認識社區和運動的好方法喔。」俏皮親切的R先生說了一招 het Amstel huis 的「社區 tour」。為了盡可能達成獨立生活的目的，員工會帶銀髮住戶認識社區，讓他們知道理髮店、眼鏡行在哪裡，需要時就可以自行前往，既能讓他們多和人接觸，又可以運動！

銀髮族的身分其實不需刻意被區隔或貼標籤，也許只需要一些願意等待走路較慢的他們的紅綠燈和路人，社區與銀髮族就能形成強大的連結。het Amstel huis 讓我發現，銀髮公寓的任務不該只是期望成為銀髮族安居之處，而應該擁有鼓勵銀髮族出門趴趴走的企圖心，成為那個圓心。

問到 het Amstel huis 平常是否有志工來幫忙時，R先生快速點點頭，又趕緊補充：「不過我們禁止大家問『你好嗎？』、『你覺得如何？』。反而是常常會有銀髮族主動對你說：『嘿，來我旁邊坐吧，我們聊聊天！』」這裡希望銀髮族不是被可憐的對象，而是有自己的主體意識。

我們也愈來愈發現，銀髮族是否擁有主體意識、是否想活得活躍，似乎就是歐洲與臺灣的最大差異？或許這個結論下得太偏頗、太粗糙，但銀髮養護院與銀髮公寓都只是創造精彩環境的場域，要怎麼「活」，還是操之在己。

資金來源：政府補助＋自己賺錢

參訪歐洲銀髮養護所、公寓、活動中心時，最讓我們好奇的總是資金從哪裡來？「het Amstel huis 成立才一年多，一開始大家都不覺得會成功，我們還被建商公司老闆要求兩年內住滿。結果一年就滿成這樣了！呵呵。」銀髮產業確實是未來的商機，但是非盈利、有個社會機構進駐一樓的 het Amstel huis 除了接受政府補助，也會自己賺錢。

「目前還有五、六十位在候補名單上。」R先生甚至搞笑地說之前觀望猶豫的人現在都哭了，懊惱沒有早點住進來。即便這裡有多種房型可以選擇，大的、小的、有客廳的或小套房，但荷蘭住家畢竟以獨棟房屋居多，改變沒那麼容易。「雖然這裡小了點，但小有小的好處，可以完全自己清理，不需要再請人打掃或整理庭院。」每個國家的住宅環境都不一樣，共通點無疑是在舒適與獨立之間找到平衡。

電梯裡，R先生突然轉頭咧嘴大笑，雙手比讚。「看到銀髮族在運動時，只需要大大地微笑比讚！」銀髮族的運動和社交需要被鼓勵嗎？到底怎麼鼓勵比較好？也許首先需要了解自己的文化脈絡。我在熱情的R先生的白牙齒間，看到了 het Amstel huis 銀髮居民的幸福笑容。

當大學生住進銀髮養護所
——拜訪荷蘭代芬特爾 Humanities

今天我們來到老城代芬特爾（Deventer）拜訪在臺灣時就聯絡好的機構「Humanities」，這間獨樹一幟的養護機構因為首先創立讓大學生與銀髮族共居而聲名大噪，我們想了解 Humanities 把大學生丟進銀髮族中的神奇想法到底是如何誕生的。

「當一個好鄰居」

「一開始是我們發現有很多比較小的房間，但小房間其實不太適合老人家住，在發想如何利用這些空間的同時，我們也想創造出讓老人家與社會接觸、讓養護所變得更溫馨、更有活力的可能性。」一腦力激盪下，「學生住戶計畫」

（student resident program）誕生。學生住宿在荷蘭向來是個問題，飆高的房價對學生來說更是大負擔。「我們想到，需要房間的學生或許可以利用『當一個好鄰居』的方式，換取免費的住宿。」負責接待我們的「生活設計師」Peter 說。

這個看起來極聰明的媒合關係，實際運作需要什麼樣的思維模式呢？

「我們與學生之間沒有官方的契約關係，原本曾經嘗試和學校談，讓參與的學生可以獲得志工或時數證明，但是我們的主管覺得很麻煩，還要通過層層關卡，所以我們就統統不管了，學生直接由 Humanities 管轄與聘雇。我們邀請學生來免費住宿，條件是每個月至少要花三十小時『當好鄰居』（being good neighbors）。」沒有按表操課的必做清單，沒有一欄一欄的工作日誌需要服膺，唯一要求就是學生得加入 Humanities 大家庭「當好鄰居」，乍看讓人摸不著頭緒的任務，也許就是 Humanities 出乎意料成功的關鍵。

Humanities 採取信任的方式，相信學生們會用自己的方式，每個月當三十個小時以上的好鄰居，而不是僵化地定期臨檢學生當好鄰居的狀況。「當好鄰居」要怎麼當、每星期當多久，自己想！雖然每個銀髮族鄰居的聯絡簿上有空格可以給學生簽到，「但你知道的，銀髮鄰居們其實很會講話！」六個學生之一的 Patrick 眨眨眼說。

Humanities 經過多次篩選，最後總共選出六位有良好溝通能力的不同科系大學生。「我們不會特別找醫療、社工等相關科系的學生，一方面主要的目的是希望銀髮住戶能多和社會接觸，一方面也不希望造成學生的混淆，搞不清楚他們進來到底是實習？是住戶？是陪伴者？還是學生？」Humanities 強調，學生進來就是單純地當銀髮族的好鄰居。「我們會和他們一起出去，每周三有電影之夜，也會一起去散步，每次出門回來炸春捲都要買好多份，吃午晚餐也會一起吃。」Humanities 不想讓養護所失焦，他們發現，以一百五十位銀髮族住戶來說，六位大學生是最合適的學生好鄰居數目。只要把學生打散在每一層樓，每位學生就會和二十五位同一層樓的銀髮鄰居變成麻吉。「噢，有時候我在念書，對面的就會一直來敲門叫我和他一起玩！」其中一位學生愉快又有點煩惱地說。

「為什麼是三十個小時呢？」我們很好奇這裡針對學生住戶唯一一條規定的邏輯推演。「我們估算一般學生宿舍的每月房租是三百歐元，假設一小時

『當好鄰居』獲得十歐元，每個月就需要三十個小時囉。」

世界各地流行「打工換宿」、「公益旅行」、「當志工」，Humanities 為何要自創「當好鄰居」這種說法？「如果說是當志工或打工，那就破壞原本的意思了！志工或打工都像是一份工作清單，你做完了其中一項就可以打個勾。但如果是鄰居，那就難了。你只要住在這裡，無時無刻都是鄰居，沒有工作清單可以遵循。」仔細想想，這不正是社會與生活的原始模樣嗎？而各種團體創立之初的團結互助本質，不也是從關心周遭開始？

租金換課程，整合外界力量

「兩百多位志工帶來的刺激不夠嗎？」一般志工通常是退休族群或五十歲左右，Humanities 嘗試塑造真正的「跨世代」。學生住戶計畫其實是雙向學習，「以前學生看到銀髮族一定會走開，搭公車時也會坐得遠遠的，現在他們逐漸習慣了，習慣了銀髮族講話和思考的方式。」從第一年就參與計畫的學生說：「其實真的可以學到很多東西、聽到很多故事，這間的爺爺參加過世界大戰，這間的奶奶其實是印尼人……」問到一開始時有沒有發生過溝通障礙，學生哈哈大笑說，他們的銀髮鄰居都很愛說話。

Humanities 從一九六四年起就開始服務銀髮族了，由於當時地價不高，Humanities 因此握有相當大的場地，形成現今能用「租金換課程」的絕佳優勢。一百五十位銀髮族居民平均年齡從六十五歲飆漲到現在的八十六歲，最驚人的是有兩百位志工、兩百位員工（一百二十位全職、八十位兼職），數量幾乎是住民的三倍。

Humanities 把多餘的空間租給不同的團體與組織，有運動健身、科技組織、志工組織等，希望這些各異其趣的組織能夠發揮所長與創意為銀髮居民做點事情，當作低廉租金的回報。這些團體會開辦免費的課程，像是健身課、電腦課、文化課，或在 Humanities 舉辦活動，讓銀髮族與外界連結，帶入新的刺激與能量。

「請容我們問，你們怎麼會有這麼多錢？」雅致的外觀、整修乾淨充滿綠意的花園、每一層樓不同的角落裝飾，Humanities 讓人難以相信這是一間非盈利的社會住宅。「Humanities 的收入來自住戶的社會保險，也就是說，保險公司會給我們錢。」這大概是東西方福利制度最主要的不同了。即便窮困，這裡每個人的基本社會保險已足夠讓他們度過愜意的晚年。

「每年每一層樓都有一筆零用金，住戶可以一起決定要辦派對狂歡把這筆錢統統吃掉，還是整修公共空間，在春夏秋冬換上不同擺設。」這裡的住戶不只是被動地住在小隔間裡，許多公共事務他們也可以一起參與和制定，這不只是生理上受到照顧，心理需求和精神也透過行使自主意識而獲得了養分。

Humanities 的特色是許多設施都開放給外人使用，未來他們甚至希望能變成社區的文化熱點！塗滿紅黃黑旗幟的健身房裡有小朋友在騎飛輪和打電動，大廳落地窗前的咖啡機免費提供給居民與訪客暢飲，「只要你不是用大桶子把咖啡運回家，我們都很歡迎外面的人進來坐坐，為銀髮住戶注入新能量。」

就是不給錢

Humanities 裡有一輛雙人式的半電動腳踏車，可以讓銀髮居民載行動不便的鄰居一起出去兜風。下雨天，室內的電動腳踏車則帶你駛入巴黎、羅馬、阿姆斯特丹，會動的數位螢幕促進了銀髮住戶的使用動機。只要向櫃檯預約，銀髮居民就可以和小機器人 zora 跳舞、聊天、聽它唱歌。「我們其實對於老人家與 zora 的互動感到很驚奇，因為平常叫他們做運動、甩手，他們常常不理我，但若是 zora 的話，老人家就會和它一起動！」Peter 分享了他的觀察。

「當初我們其實有足夠的錢可以直接購買電動腳踏車，但我們告訴住戶說，自己的電動腳踏車自己買。」於是住戶們各顯神通，編織、手工藝……大夥集資義賣賺錢。Peter 補充：「這樣銀髮住戶就會覺得這是『我的電動腳踏車』，也會更常去玩！」乍看是 Humanities 不想出錢幫住戶買電動腳踏車，其實卻是運用逆向思考，利用更少的資源，創造更多的精彩與故事。

前五分鐘不准工作

Peter 邊走邊和員工、志工、住戶打招呼，轉個身，一個坐輪椅的老奶奶按著冰淇淋喇叭滑過我們身旁，「這裡不大，大家都認識彼此。」Peter 愉快得意地說。走廊上，三幅畫標誌著三個核心價值「love、togetherness、positive」。

最讓我們想不透的是，Humanities 到底是從哪裡冒出這些溫馨又有活力的奇怪點子呢？「需要潛移默化，也需要每年都訓練員工。」住戶愈來愈高齡，需要更多醫療資源，員工每年都要進修學習。這裡沒有僵化的規則，而是跟著核心價值走。

「我們對這裡的清潔人員、幫忙人員說：『前五分鐘不准工作！』我們不希望大家只知埋頭工作，反而忽略了更重要的——了解需求。也許你只是進去幫忙擦窗戶，但和住戶聊了五分鐘後就會發現，他覺得窗簾髒掉才是問題。」Peter 舉例。「不只對員工，我們也希望培養出『free bird』志工，就像是我們在自家周遭會自由自在地到處探索，志工不是一直做同一種工作，認識別人也是重點之一。『free bird』希望志工 flying in different building，能在 cross road 和 complex situation 間應付自如。」

生活設計師，一個壓力太大的 free-style 職位

一如 Peter 的職稱「生活設計師」，這份工作沒有固定要做什麼，完全是 free-style，以至於另一位生活設計師因為壓力太大而離職！喜歡與人互動的 Peter 卻如魚得水，每天到處走動觀察，看看哪裡需要改進，聆聽大家的意見，解決溝通紛爭。

當我們急於找尋「當個好鄰居的唯一契約」、「租金換課程媒合社會資

源」、「銀髮住戶集資購買電動腳踏車」、「前五分鐘不准工作的員工守則」、「養護所變文化熱點」的創意源頭，Peter 的工作就像是創意源頭的縮影，從不設限的觀察開始，不管法律與傳統總之嘗試下手，銀髮養護所可以玩很大！

Nobody has to be alone
——拜訪芬蘭赫爾辛基 Kampens Service Centrum

「往這個門直走，等等十字路口看到黃色建築物在右邊，往對面施工工地中間巷子走過去就到了。」但就在我們餓得忍不住在轉角買了 kebab 後，瞬間忘了是哪一個門。

邊找路邊拍照，「啊哈，這看起來是一間圖書館耶。」雖然找不到路，但圖書館的氣氛總是那麼吸引人。穿越自動門，圖書館不見了，空曠的大廳來來往往都是銀髮族，我們以為的圖書館原來只是靠窗角落的幾個架子，明亮寬敞的空間裡，接待處、餐廳、置物櫃、教室，環顧四周，應該就是這裡了！

給「沒有工作的人」免費活動的地方

「你好！我們是來自臺灣的學生……」沒有真正寫下來的開場白其實早已背起來了，「這樣啊，我們這裡是免費提供給赫爾辛基市民的服務中心，有各種課程活動……」接待人員耐心說明，但問題愈來愈細……「等一下！」他轉身跑出去拉了個西裝筆挺的人過來。「沒問題，等我享用完午茶馬上就回來。」西裝先生微笑說完，坐回銀髮圈裡吃蛋糕、喝咖啡。

「那個年輕人今天過生日！」抹一抹嘴巴，西裝先生吃完了，和朋友們揮別前順手指向一個銀髮爺爺大笑著說。「他很年輕，真的！」奇妙的開場白一下子就讓我們覺得這裡應該是個很有趣的地方。

從一九八九年開始的 Kampens service centrum 是一個免費給任何「沒有工作」的赫爾辛基市民活動的場所，不像其他機構專為銀髮族服務，芬蘭這間服務中心以「沒有工作者」為目標客群，涵括了銀髮族、失業人士與身心障礙者。這樣的分類頗為新奇，也呼應了我們一路採訪下來的體會——年齡的分野太過單一粗略，有人高齡但仍然健壯，工作個不停；有人還沒白髮就退休了沒事幹；有人因為健康不佳，生理年齡急遽老化……各式各樣狀況難以分類，若以「是否工作」而非「是否超過某一年齡」來劃分，似乎更能貼近實際需求。

運作人力

地上四層、地下兩層的 Kampens service centrum 看起來就像是一所學校，有十幾間功能各異的教室，電腦間、烘焙室、縫紉教室、美術教室、木工教室、手拉胚教室、體育館、健身房、會議室、洗衣間、烘衣間、簡單的保健室等，一樓和地下一樓的兩間餐廳裡隨時都有人，分別由私人和公家營運，收費都不高，一餐約七歐元。

即便場地完善，但要讓市民願意來、喜歡來、天天來，更重要的是軟體，是人與人的互動凝聚感。我們驚訝於這裡川流的人潮，自動門開開闔闔，布告欄前面的人一個走一個來，一隻隻手探問著櫃檯上各種不同的文宣品，銀髮族在樓梯間緩慢地上上下下，餐廳座無虛席。「冬天時人更多呢！每天大概有九百到一千個人喔！」只開周一到周五，冬天時的開館時間是早上八點到晚上八點半，夏天只開到下午四點——夏天大家都放假出去玩了。冬天開館時間比較長，課程也較多元，大約每次都有二十到三十個課程或活動在進行。

充足的營運能量背後，事實上這裡拿薪水的正職員工只有二十位，包含了中心經理、文書、餐廳員工、某些課程的老師和行政人員。由全體參與者共同選出來的十人委員會將代表參與者的心聲，定期與員工和經理開會討論活動內容、未來發展方向，交流各種意見。而來自各方的兩百位志工們，或因曾任職於IBM，退休後來當電腦老師教 iphone、ipad，或是因為對瑜伽有興趣而自願開課，或熱愛攝影創立攝影社，都讓服務中心的活動多彩多姿。

運作經費

給人感覺有點像是社區大學或里民活動中心的 Kampens service centrum 與上述臺灣單位最大的不同是，Kampens 的一般課程完全免費。上級單位是「赫爾辛基市」與「社會福利部」，Kampens 一半的營運費用來自政府直接補助，另一半則由大廳寄物處與咖啡廳（只提供簡單的咖啡和蛋糕）收入支撐，這兩者完全由參與者和志工自行運作。

完全免費的制度消除了所有的參與門檻，卻也透過參與者的自行輪班、賺取部分營運費用，讓 Kampens 循環自轉的機制能夠成功運作。「我們從寄物處和咖啡廳賺到的這些錢，讓我們能夠再舉辦很多的慶祝活動，比如父親節、國慶日，你知道的，這些活動要買些吃吃喝喝的，很花錢。」這讓我想起了荷蘭的 Humanaties，自己的電動腳踏車自己賺，這裡則是自己的慶典自己掙。

「這裡的宗旨就是：Nobody has to be alone.」西裝先生得意地幫我們 quote 出一句佳言。由志工與參與者一起組成各種社團，朗誦詩、看電影、聽歌劇等，「人們可以互相啟發！」這裡把人聚集在一起，創造讓事情可以發生的時空。脫離了學校、公司，甚至家庭核心，除了懷舊同學會，能見到這麼多同年齡人的機會好像真的愈來愈難了。找到志同道合的人一起共鳴、一起感動，人類的群居需求，無關乎年紀與職業。

多彩多姿的活動

體育館的例行活動是團體式的室內健身課程，但大家最期待的還是每星期二和五晚上的「跳舞日」，除了可以跳舞，還有不同樂團的現場表演。一千位長輩塞滿了室內體育館跳著舞不知道是什麼情境？除了室內課程，不時舉辦的校外教學或銀髮旅遊團也可以自由報名參加，不過因為出去玩的費用較高，這是少數需要自費的活動。

地下室裡的健身房放著動感音樂，七、八位銀髮族或舉重、或踩腳踏車、或拉拉壓壓我沒看過的圓環。「磅」一聲，有個老奶奶不小心拉太大力把機器大大撞了一下，自己捂著嘴巴偷偷笑。每周一到周五除了特別的團體課之外，隨時開放的健身房歡迎任何人來。

今天我們恰好遇到每星期有三次會來指導兩小時的專業健身指導員。有了指導員動作指導，隨時觀察參與者的狀況，健身房的設備就能發揮最大效用。「我真的看過一個爺爺原本要靠助行器，後來幾個月後就可以自己走路了！」

意見樹：幽默的意見平臺

失業者也可以來 Kampens 免費受訓，在這裡實習完三個月後，就會被重新注入社會找工作。根據我們的觀察，這似乎是歐洲許多機構和服務中心的特色，也就是把各種有著類似需求、卻又不相同的客群放在一起，比如職業訓練所與退休人士服務中心，透過整合讓資源擴大、產生出更多正向循環。由於完全對任何人開放，Kampens 也有保全防止醉漢、惡勢力進入，完全禁菸和禁酒的 Kampens 也有「戒菸戒毒互助團」定時聚會、互相幫助。

除了由參與者選出來的十人委員會為大家發聲，大廳中央掛著黃綠交錯葉子的人工樹就是意見箱。「不知道打哪來的點子，我覺得蠻好的。」西裝先生說，桌上有筆和紙讓人隨時可以寫下意見，只要這裡的經理看過了，他就會在葉片上蓋章。「你看，這張上面寫，kiitos 就是 thank you，we enjoy living together。沒錯，這就是我們的核心價值！」

西裝先生的退休進行式

「我有一次經過這個路口，因為很想上廁所，跑進來借廁所，然後就這樣子囉。」請我們吃糖、花了兩小時為我們導覽、鼓勵我們盡量拍照的西裝先生原來不是經理也不是員工，而是在這裡待了七年的元老級志工。十一年前退休的他，自從在退休第四年巧遇這個神祕世界，便一頭栽進這個大家庭，就此留了下來。

「我主持攝影社，也當私人電腦家教。」西裝先生不喜歡太正式的行程，所以沒有固定哪一天教電腦課，選擇當個隨時開課的私人電腦家教。他喜歡賴床，想保有退休的悠閒自在，但是幾乎天天都來，遇到每個人都會哈拉一下，看來他的退休進行式既悠哉又充實。

「好像很難區分誰是志工，誰是來參加活動的！」繞了一圈，我對西裝先生發表我的觀察。西裝先生對於我來說是老年人，但他自己似乎一點也不這麼覺得，對他來說，也許他覺得服務的參與者們才算是老年人。「老」從來都不是客觀的數字，到底誰「老」好像也不那麼重要，志工和參與者的區隔模糊，或許同樣是件好事。

西裝先生說他以前在ＩＢＭ工作，但他緊接著說：「每個人都是平等的，這裡沒有頭銜，我們都是領取養老金的人。」這或許就是社會福利國家的核心價值？歐洲行一路參訪下來，我們常自問如果把這個或那個制度搬到臺灣會遇到什麼問題，「經費」常常是我們的結論。眾所周知，歐洲的稅高，但是也有許多像 Kampens 一樣，沒有任何門檻的服務中心，創造出「沒有頭銜」的休閒場域，在這裡，之前做什麼工作不重要，重要的是和大家一起組個什麼俱樂部才好。

Kampens 是赫爾辛基市數一數二大的服務中心，另外還有其他十四間相似的服務中心散落在市區各角落，不過其他間服務中心多半與銀髮公寓結合，樓上是公寓，樓下是服務中心。芬蘭的其他城市也正慢慢推動著。

聽到我們說 Kampens 是目前為止參觀過最大的服務中心時，西裝先生開心地歡呼。其實 Kampens 也經歷過一段黑暗時期，一度面臨拆除危機，當時許多銀髮族和參與者上街遊行反對。如今，Kampens 雖然夏天下午四點就關門，舒適的場地卻開放出租給任何需要借用的人舉辦演講和活動，有時講建築、講健康、講文化，讓一般居民與 Kampens 也有交流連結。

「我們去大廳吧，應該趕得上他們的大合唱。」那是〈where have all the flowers gone〉，好耳熟，只不過是芬蘭文。「對呀，他們超愛一起唱懷舊歌曲的。」可愛熱情的西裝先生對我們揮揮手，加入了他們。

「There is no limits except imagination!」是西裝先生留給我們的註解與祝福，看到這麼多開心的銀髮族，賞心悅目，我想這就是他天天來 Kampens 報到的原因吧。

銀髮養護所裡的萬能社長

——拜訪瑞典斯德哥爾摩 Ersta Linnegarden

來到斯德哥爾摩的私人銀髮養護院「Ersta Linnegarden」時，門鎖著，在窗戶前探頭探腦的我們不時對裡頭的奶奶眨眼微笑，奶奶想了一下，好心緩步前來幫我們開門。

溫馨的家庭式擺設，空間不大的大廳裡散落了三張大桌子，物理治療師的玩具在角落，養護所為銀髮居民舉辦的彩繪活動照片掛在牆上，小小的接待處沒有人，醫護間裡護士與看護進進出出很是忙碌。

被護士A抓來的護士B看起來精明幹練，問了一大堆問題後，「好，所以你們主要是想了解如何規劃與舉辦活動，讓我們的銀髮居民過有意義的生活，是嗎？」算是吧，我們趕緊點頭。「沒有要任何住戶的個資，只有概況對吧？

完美！」一臉嚴峻的護士B終於綻放笑容，接下來一小時只見她走來走去，幫我們找不見蹤跡的「activity person」。

「我想你們和 activity person 本人直接聊比較好。」時間點滴流逝，焦急又期待，activity person 到底在這裡扮演什麼樣的角色呢？

「你在這裡！」剛才一進門就閃過我們的一位女士推著一位輪椅爺爺出現了，可愛的護士B見了她開心大叫，然後就像大功告成般走掉了。「現在正是下午茶時間，我們一起去庭院吧。」充滿活力的「活力女士」要像往常一樣帶下午茶的跳舞時光，我們很高興地加入了。

Activity person：讓銀髮養護院充滿生氣的靈魂人物

「Activity person 是百分之百全職投入的工作，需要認識這裡全部一百五十位銀髮居民，了解每個人之前的職業和興趣，藉此安排客製化或小型社團式的活動與聚會。」活力女士說。

不是物理治療師，也不是社工，activity person 比較像是社團的社長，只不過更厲害，因為她是「每個社團的社長」，除了主持歌劇俱樂部、電影俱樂部、舞蹈俱樂部，為有相同嗜好的銀髮居民創造互相共鳴的時空，也如同其他養護所，每兩天會有自由參加的各種活動，舉凡畫畫、手工藝、到外面的餐廳聚餐、去戶外大自然走走，都是 activity person 的工作項目。

說著說著，一個奶奶突然出現，雙手環住活力女士的一隻手臂，想加入談話。瑞典傳統民謠在中庭迴盪，陸續冒出的銀髮爺爺和奶奶們坐滿中庭，有的跟著旋律哼唱，有的自顧自地喝咖啡、吃蛋糕。活力女士轉頭看看老奶奶，高興地牽起奶奶開始繞圈圈，跳起舞來。

在這裡，夏季每天都有花園下午茶跳舞時光，冬季則是每星期兩次。午茶時光不只鼓勵銀髮族到戶外透透氣，更希望銀髮族多多走出自己的房間和鄰居打照面。「有時候，光請他們走出門就很困難！」神通廣大的活力女士道出了她的難處，「所以我們每層樓都有另一位 activity person，主要任務就是更了解每位長輩，並把他們帶出來和大團體一起活動。」

平均住戶年齡九十歲，有些失智、有些行動不便、有些健康尚可，看著看護、趁暑假來打工的高中生、醫學院的實習生、護士們，一個個邀請銀髮爺爺和奶奶跳舞，還有什麼是醫療行為辦不到的事？

用各種方法，幫銀髮族找回自信

我們向活力女士請益，該如何鼓勵銀髮族運動？活力女士與荷蘭的R先生和芬蘭 Kampens Service Centrum 遇到的健身房專業指導員說出了一樣的答案：「看到他做得不錯時，大大比個讚！」難道沒有更高明一點的方法嗎？在心底小小ＯＳ的同時，活力女士又說：「給他們自信，用任何一種方式都可以。」不單是運動，從了解居民職業和興趣開始，和他們聊一些他們熟悉的東西，都是活力女士讓銀髮養護院充滿生氣的方式。

「會住進銀髮養護院的人，其實多半都覺得自己的人生已經去一大半了，不管是從前工作的充實、自己獨立生活的自信，從家庭核心到邊陲，統統提醒著他們現在的處境好像困住似的。因此我們能做的就是用老東西、用他們熟悉的東西，幫助他們找回自信。」活力女士說。

I can meet people here

坐在涼亭觀察爺爺、奶奶們跳舞時，兩個老奶奶來和我們搭訕：「我會說英語喔。」她們很開心地自己打開了話匣子，「從前我自己一個人住，但因為生活需要輔助，而且在這裡可以遇到別人，所以我就來了。」

當銀髮養護所不再冷冰冰的，把銀髮居民們一個個隔起來，而是善用同儕力量，組織社團或舉辦郊遊，塑造敦親睦鄰、守望相助的效果，銀髮養護所將來或許也能和大學宿舍一樣歡樂。

VIEW 047

李偉文的退休進行式

作　者—李偉文
採　訪—李欣澄、李欣恬
主　編—邱憶伶
責任編輯—陳詠瑜
責任企畫—葉蘭芳
封面設計—李莉君
內頁設計—張靜怡

總編輯—李采洪
董事長—趙政岷
出版者—時報文化出版企業股份有限公司
一〇八〇一九臺北市和平西路三段二四〇號三樓
發行專線—（〇二）二三〇六—六八四二
讀者服務專線—〇八〇〇—二三一—七〇五
（〇二）二三〇四—七一〇三
讀者服務傳真—（〇二）二三〇四—六八五八
郵撥—一九三四四七二四時報文化出版公司
信箱—一〇八九九臺北華江橋郵局第九九信箱
時報悅讀網—http://www.readingtimes.com.tw
時報出版愛讀者—http://www.facebook.com/readingtimes.fans
法律顧問—理律法律事務所　陳長文律師、李念祖律師
印　刷—勁達印刷有限公司
初版一刷—二〇一八年二月九日
初版七刷—二〇二一年三月二十五日
定　價—新臺幣三〇〇元

時報文化出版公司成立於一九七五年，
一九九九年股票上櫃公開發行，二〇〇八年脫離中時集團非屬旺中，
以「尊重智慧與創意的文化事業」為信念。

李偉文的退休進行式 / 李偉文著 . -- 初版 . -- 臺北市 :
時報文化 , 2018.02
256 面 ; 14.8×21 公分 . --（VIEW ; 47）

ISBN 978-957-13-7309-6（平裝）

1. 退休　2. 生涯規劃　3. 生活指導

544.83　　107000557

ISBN 978-957-13-7309-6
Printed in Taiwan